GOLDMANN
ARKANA

Buch

Es gibt viele Chakra-Bücher, doch nur wenige widmen sich den Energiezentren des menschlichen Körpers in einer so fundierten und klaren Weise, wie es Manuela Oetinger tut. Dieses Buch bezieht sich hauptsächlich auf die Aktivität der Chakras in offenem und blockiertem Zustand und ihre Bedeutung für das sich ändernde Schwingungsfeld des Planeten Erde. Manuela Oetinger analysiert mit Hilfe ihrer Hellsichtigkeit die planetarischen Schwingungsmuster und die damit einhergehende Herausforderung, uns auf höhere Energien einzuschwingen. Es werden die Chakras in ihrem aktuellen Zustand beschrieben, so wie die Autorin sie wahrnimmt. Die Autorin gibt Ausblicke auf die Zukunft und präsentiert Übungen, mit denen sich der Mensch durch Hinwendung zur Liebe und vor allem durch Loslassen alter Strukturen auf diese lichten Energien einlassen kann. Mit »Chakras« liegt ein Grundlagenwerk vor, das auf jahrelangen Beobachtungen der menschlichen Aura basiert und in seiner Reife und Sorgfalt Maßstäbe setzen kann. Eine übersichtliche Gliederung und viele Abbildungen unterstützen Anschaulichkeit und Praxisnähe dieses Buches – den Vorboten einer neuen Zeit, in der feinstoffliche Wahrnehmung allgemein anerkannt sein wird.

Autorin

Manuela Oetinger war schon als Kind hellsichtig und vermochte die verschiedenartigen Energiemuster wahrzunehmen, die Dinge und Menschen umgeben. Sie praktiziert heute als Heilpraktikerin mit Schwerpunkt Energiearbeit im Allgäu. Ihre jahrzehntelange Erfahrung macht sie mit diesem Buch einem breiten Publikum zugänglich.

Von Manuela Oetinger ist bei Goldmann außerdem erschienen:
Die Aura – Wie Energiefelder unser Leben bestimmen (21702)

Manuela Oetinger

Chakras

Energiezentren der
Lebenskraft und Spiritualität

GOLDMANN
ARKANA

Die Originalausgabe erschien 2006 im Aquamarin Verlag,
Grafing.

FSC
Mix
Produktgruppe aus vorbildlich
bewirtschafteten Wäldern und
anderen kontrollierten Herkünften

Zert.-Nr.SGS-COC-1940
www.fsc.org
© 1996 Forest Stewardship Council

Verlagsgruppe Random House
FSC-DEU-0100
Das für dieses Buch verwendete
FSC-zertifizierte Papier *München Super*
liefert Mochenwangen.

1. Auflage

Vollständige Taschenbuchausgabe Juli 2008
© 2008 Wilhelm Goldmann Verlag, München
in der Verlagsgruppe Random House GmbH
© 2006 Aquamarin Verlag GmbH, Grafing
Umschlaggestaltung: Design Team München
Umschlagillustration: Agt.Walter Holl/Klaus Holitzka
SB · Herstellung: CZ
Druck und Bindung: GGP Media GmbH, Pößneck
Printed in Germany
ISBN: 978-3-442-21822-6

www.arkana-verlag.de

INHALT

I. DAS CHAKRA-SYSTEM UND DIE ENTWICKLUNG DES MENSCHLICHEN BEWUSSTSEINS

Betrachtet man als erstes das Wort „Chakra", so wird deutlich, dass das Wort selbst aus dem östlichen Sprachraum (Sanskrit) übernommen wurde. In diesen sehr alten östlichen Schriften wurde dem Menschen bereits das Vorhandensein dieser Energiezentren überliefert, die auch heute noch als Chakras bezeichnet werden. Die Ägypter oder Griechen verwendeten andere Begriffe für diese wichtigen Energiewirbel, doch da sich das Wort „Chakra" im europäischen Sprachraum durchgesetzt hat, wurde es auch für den Titel dieses Buches gewählt. In den nachfolgenden Ausführungen wird häufig das Wort „Energiezentrum" benutzt, um die Schwingung der deutschen Sprache und der europäischen Geist-Energie für diese bedeutenden Energiewirbel des Menschen zu berücksichtigen.

Es ist wichtig, sich bewusst zu machen, dass bereits die alten Druiden die Aura als Fluidum des Menschen sowie seine Energiezentren kannten. Auch die Essener, Rosenkreuzer oder Freimaurer wussten von den „Vitalknoten" oder den „Rädern der Kraft". Es ist keineswegs nur eine östliche Weisheit, sondern war auch im Altertum Teil der spirituellen Kenntnisse der antiken und abendländischen Hochkulturen. Wären im Zuge der „Reinigung von ketzerischen Schriften" nicht die meisten alten Überlieferungen vernichtet worden, lägen mit Sicherheit auch Aufzeichnungen und Quellen vor, welche das Wissen über die farbigen Energiewirbel oder „Räder der Kraft" im Körper auch im europäischen Sprachraum belegen würden.

In allen Kulturen gab es seit jeher Menschen, die über hellsichtige Fähigkeiten verfügten, von ihren Erkenntnissen berichteten und diese aufzeichneten. Das Energiefeld der Menschheit entwickelte sich zwar kulturell unterschiedlich, doch, global betrachtet, sind die Energiezentren bei allen Menschen, von individuellen Abweichungen abgesehen, gleich strukturiert. Sie sind in ihrer jeweiligen Größe, Bewegung und Energie unterschiedlich, doch sind in jedem Menschen dieselben Basis-Elemente vorhanden. Deshalb ist das Wissen und der Umgang mit den Energiezentren (Chakras) eine Möglichkeit für alle Menschen dieser Welt, gleichgültig welches Wort aus welchem Sprachraum auch dafür benutzt wird.

Dieses Buch wird sich hauptsächlich auf die gegenwärtige Aktivität dieser Energiezentren beziehen und ihre Bedeutung für die einstrahlenden neuen Schwingungen auf diesen Planeten. Es werden die Chakras in ihrem aktuellen Zustand beschrieben, so wie sie von mir wahrgenommen werden und wie mir lichtvolle Wesenheiten ihre Aufgabe und Funktionen für die Aufnahme der Energien einer neuen Zeit mitgeteilt haben. Viele Informationen hinsichtlich der Zukunft der Erde und der Zeit des Übergangs werden übermittelt, so wie sie aus heutiger Wahrnehmung heraus voraussichtlich geschehen werden. Es werden Ausblicke auf die Zukunft sowie Übungen gegeben, wie sich der Mensch durch Hinwendung auf die Liebe und vor allem durch Loslassen alter Strukturen auf diese neue Energie einschwingen kann. Nur im Loslassen und Auflösen der über lange Zeit hinweg aufgebauten und stark geprägten menschlichen Energiefelder kann sich jene neue Energie entfalten, und die geistige Führung der Menschheit kann verstärkt durch die Intuition und durch geistige Einsichten segensreich auf den Einzelnen einwirken.

Die Energie dieses Buches wird den für neue Einsichten offenen Leser vielleicht in besonderer Weise berühren können. Die Tatsache, dass du, liebe Leserin, lieber Leser, es jetzt in den Händen hältst, ist bereits ein Zeichen deines inneren Strebens und deines geistigen Wissens, dass sich auf der Energieebene der menschlichen Entwicklung viel verändern wird – und auch du selbst an dieser Entwicklung teilhaben wirst. Die Energie der Veränderung sowie der positiven Lichteinstrahlung wurde von dir wahrgenommen und kann nun im Inneren umgesetzt werden. Beim Lesen und somit Berühren dieser Energiestrukturen kann eine Öffnung des persönlichen Energiesystems für hohe Energien entstehen und damit eine Ablösung von alten Strukturen unterstützt werden.

Dennoch ist es wichtig, nur jene Informationen als innere Wahrheit anzunehmen, die im Moment für einen selbst als das individuell Richtige erfühlt werden. Mitunter decken sich neue Informationen nicht mit bisher Vertrautem oder sind in anderer Form im Bewusstsein gespeichert. Wahrheit besitzt ein großes Spektrum. Es ist wichtig, die Dinge loszulassen. Dieses Buch erhebt keinen Anspruch auf absolute Wahrheiten, es möchte Informationen übermitteln und nicht den Wahrheiten anderer Suchender widersprechen, mögen sie auch genau gegensätzlich erscheinen. Die Wege und Wahrnehmungen menschlicher Erkenntnis sind so umfangreich, dass durchaus mehrere Wahrheiten nebeneinander existieren können. Niemand kann behaupten, dass nur seine Wahrheit allein stimmt. Je mehr jemand dies bekräftigt, umso stärker hängt er an alten Strukturen fest. Jeder geistig Suchende muss selbst entscheiden, was er für sich als richtig und wichtig ansieht.

Die neuen Aufgaben der Chakras werden in diesem Buch vor allem unter dem Gesichtspunkt aufgezeigt, wie sich der Mensch durch sein Bewusstsein und die Ausrichtung auf höhere Energien vorbereiten kann. Eine tiefe Hinwendung an die göttliche Kraft ist erforderlich, ohne welche kein Halt, kein Schutz und auch kein wirkliches Gewahrsein eines neuen Bewusstseins stattfinden kann.

Angesichts der bevorstehenden Veränderungen auf diesem Planeten wird die Menschheit von einer außergewöhnlichen Energie durchdrungen. Bislang war es dem Menschen immer möglich, sich aus eigenem freien Willen dem Höheren zuzuwenden und sich Gott durch Bewusstwerdung, Gebete, ein Leben in Liebe und durch Meditationen anzunähern. Dies bedeutete somit ein Streben von „unten nach oben". Heute strömt eine besondere Kraft auch von „oben" auf die Menschen ein. Sie kann als „Lebenskraft" der neuen Zeit betrachtet werden und unterstützt in besonderem Maße die Ablösung aus dem Eigenwillen und aus alten karmischen Strukturen der Menschheit. Ebenso unterstützt sie die Schwingungserhöhung zur Durchlichtung der Materie. Alle Lebensformen erhalten dadurch eine lichtvolle Energie, die in besonderer Weise mit dem Göttlichen in Verbindung steht. Diese neue Energie kann von allen Wesen angenommen werden und durchdringt die gesamte Schöpfung.

Es ist die Rückkehr in die Ur-Einheit, die im Bewusstsein der Menschen nicht mehr vorhanden war. Infolge der fehlenden Wahrnehmung der Zuwendung Gottes und der Liebe, die durch den „Fall" selbst gewählt wurde, entstand ein tiefer Schmerz, ein Gefühl von Getrennt- oder Ausgestoßen-Sein. In der Folge davon trat meist Zorn und Hass auf diese Zustände auf. Schmerzhafte Erlebnisse in den verschiedenen Leben des Menschen verstärkten diese Trennungsgefühle und lösten auch Angst aus.

Es liegt immer am Menschen selbst, ob er diese Energie der Liebe, die den Menschen seine eigentliche Heimat erfühlen lässt und ihn bei der Hinwendung auf die höhere Energie der Liebe auf diesem Planeten unterstützt, annehmen möchte oder nicht. Die Kraft selbst ist neutral, es ist eine Energie der Liebe. Ein Seinszustand, mit dem sich der Mensch verbinden kann, wenn er dies möchte. Dies fördert den Menschen in der Wahrnehmung des inneren Pfades und kann ihn konkret führen und unterstützen auf dem Weg durch die Wirrnisse dieser Zeit. Es ist ermutigend zu sehen, dass sich viele Menschen mit dieser neuen Energie bereits verbunden haben, auch wenn sie sich emotional noch in schwierigen Umwandlungsphasen befinden. Jeder Mensch kann in sich nachspüren, ob er bereit ist für diese Liebe.

Seit einigen Jahren beginnt diese Energie auch intensiv in das Geschäftsleben und in gesellschaftliche Strukturen einzufließen. Geschäftsstrategien oder Führungsmethoden, die nicht auf die Energie der höheren Verantwortung und Fairness ausgerichtet sind, werden in der Zukunft überwunden werden. Auch das Zinssystem, in seiner bestehenden Form, wird sich nicht halten können. Die Werte der geistigen Welt durchdringen immer mehr das Bewusstsein auf der Erde. Was sich nicht im Einklang mit dieser Führung und Liebe des Geistes befindet, wird verändert werden.

Diese Zukunftsaussichten erscheinen vielleicht im ersten Moment als eher unwahrscheinlich, so als würde es noch ewig dauern, bis das Dunkle und Lieblose, welches zurzeit das Geschehen auf Erden anscheinend beherrscht, seine Macht verliert. Doch wenn man die Geschwindigkeit betrachtet, mit der sich gegenwärtig die Ereignisse jagen, kann man erkennen, dass sich Veränderungen immer schneller ereignen. Die dunklen Machenschaften von Menschen, ob von Einzelnen, von Konzernen oder von Staaten, werden aufgedeckt. „Es kommt alles ans Licht", wie es in alten Prophezeiungen heißt. Das Leben auf der Erde wird selbstverständlich nicht beendet werden, doch es geht in eine höhere Form der Entwicklung über, in eine Zeit, die erfüllt ist mit Liebe und dem bewussten Wahrnehmen der geistigen Welten.

Das Aufbrechen des Lieblosen wird bald geschehen, auch wenn das sogenannte Negative sich in der jetzigen Zeit noch als dominant erweist; doch ist dies von der geistigen Führung zugelassen.

Man kann sich das Leben auf der Erde wie eine Zwiebel vorstellen. Nur die äußere Hülle, das Leben auf der Erdkruste, ist der Wahrnehmung des Menschen zugänglich. Alle anderen Schichten sind unbewusste oder astrale Bereiche, die sich in das Erdinnere ausdehnen. Mit der Zeit haben die lieblosen Machenschaften der Menschen zuerst den äußeren Lebensraum mit düsteren Gedanken und Emotionen verunreinigt und später alle Schichten bis in das Zentrum der Zwiebel. Geschaffen wurden diese Aufbauten vom Menschen auf der Außenhaut, also auf der Erdkruste, von wo aus sie alles verstopften.

Alles so Erschaffene muss nun vom Menschen wieder zurückgenommen und aufgelöst werden. Alleine könnte er dies nicht bewältigen, weshalb machtvolle geistige Kräfte aus den höheren Ebenen mitwirken, um dieses Vorhaben zu unterstützen. So beginnt ein „Nach-oben-schieben" all dieser negativen Kräfte: Zuerst kommt eine Schicht – und das Leben wird unruhiger. Dann folgt die nächste Ebene – und es wird noch angespannter. Alte Konflikte flammen wieder auf. Bruderhass, Perversion, Machtstreben und viele andere Dinge zeigen sich, rücken in das Erkenntnisvermögen jener Menschen, welche dafür bereit sind. So schieben sich gegenwärtig aus den astralen Schichten in bestimmten Etappen alle Energieablagerungen, die dort enthalten sind, ins Bewusstsein. Alle Menschen, die noch mit irgendwelchen karmischen Belastungen an diesen Strukturen festhängen, können sich dadurch von ihnen lösen. Nichts bleibt verborgen, alles wird „ans Licht" gebracht, in dem es aufgelöst werden muss.

Langsam aber sicher werden die astralen sowie die mentalen Schichten der erdnahen Ebenen aufgeräumt, und der „Müll" wird zum Entsorgen in die Erlebenswelt gebracht. Deshalb werden sich die Spannungen in der Welt so lange erhöhen, bis die letzte Schicht verwandelt wurde. Alleine könnte der Mensch alle diese Energien nicht transformieren, weshalb die geistige Welt die gesamte Entwicklung leitet. Das Geschehen auf der Erde erscheint dem Menschen zurzeit als chaotisch, doch steckt ein weiser Plan dahinter. Alte Energiefelder, aber auch dunkle Wesen der Astralebenen, bäumen sich auf und versuchen, ihre Macht gegenüber dem herannahenden Licht zu erhalten, doch wird ihnen dies nur noch für eine Weile möglich sein.

Jene Menschen dagegen, die sich auf die Liebe der neuen Zeit vorbereiten, verbinden sich geistig in besonderer Weise mit den höheren Kräften und werden von den lichtvollen Ebenen unterstützt.

Nachstehend wird die Hinwendung an das Göttliche, an Gott, als Basis für alles Leben dargestellt. Dabei ist es wichtig, sich bewusst zu machen, dass Gott in seiner Vollendung und All-Umfassung von uns Menschen nicht in einer bestimmten Vorstellungsform eingeengt werden sollte. Alle diese menschlichen Vorstellungen sind Begrenzungen, die den freien Fluss dieser höchsten Liebe und dieses vollendeten Seins nur behindern. Gott sollte weder in weiblich oder männlich unterteilt werden noch in irgendeine andere weltliche Vorstellungsform gekleidet werden. Das erweist sich manchmal als schwierig, da der Mensch sich an etwas Vertrautem festhalten möchte, doch sollte, im Wissen um Gottes überirdische Größe, unbedingt versucht werden, alle Vorstellungen wegzulassen und diese Größe wahrzunehmen, ohne sie zu begrenzen. Auch spielt es keine Rolle, wie diese absolut vollendete Liebe und dieses höchste Bewusstsein tatsächlich benannt wird – ob Allah oder Manitu, gemeint ist in allen Kulturen das Gleiche.

Wichtig ist das Wissen, dass der Mensch sich aus allen alten Manifestationen lösen, eigene Erkenntnisse erlangen und nicht vorgefertigte Strukturen annehmen sollte, die nicht selten nur der Macht bestimmter Institutionen dient. In früheren Zeiten war eine intensive Führung und das Festhalten an bestimmten Vorstellungen sicher notwendig, doch lebt der Mensch jetzt in einer Zeit, in der er selbst zur Erkenntnis gelangen wird und seine eigene Wahrheit finden soll. Nachstehend wird das Wort „Gott" aus dem alltäglichen Sprachgebrauch benutzt, wohl wissend, dass schon das Wort eine Begrenzung darstellt und mit vielen alten Vorstellungsbildern behaftet ist. Doch im rechten Bewusstsein und in der Hinwendung an die lichtvollen Kräfte, die auf diesen Planeten einströmen, kann sich jeder aus einer freien Energie heraus an das Höchste als „Gott" oder als „Himmlischen Vater" wenden.

Die Menschheit steht vor einer großen energetischen Veränderung, und sie betrifft nicht nur den Menschen mit seinen Energiefeldern, sondern auch die Tiere, den gesamten Planeten sowie alle feinstofflichen Welten, Wesenheiten und Schwingungsfelder. In welchem Umfang sich diese Veränderung auch auf die geistigen Ebenen auswirkt, ist aus irdischer Sicht kaum zu überblicken.

Die nachfolgenden Darlegungen gehen daher vom derzeitigen Zustand der energetischen Veränderung der Chakras aus, von ihren neuen Aufgaben und Funktionen. Darüber hinaus sollen einige Ausblicke auf die Umstellungen und Neuerungen der kommenden Zeit unternommen werden.

Die Chakras spielen eine wichtige Rolle in den bevorstehenden Veränderungen und im Erwachen des Menschen. Sie sind die energetischen Übersetzer von einer Aura-Schicht in die andere, sie sind Torwächter, Werkzeuge, Beschützer und Bewusstseinshilfen im Übergang zu einem kommenden lichtvollen Zeitalter. Im weiteren Verlauf dieses Buches soll dies im Einzelnen beschrieben werden. Diese Energiezentren sind nur Teilaspekte des Menschen und können allein auch kein Motor oder Transformator sein, doch ohne sie ist Wachstum und Erkenntnis nicht möglich, da sie das Bindeglied zwischen aufnehmender und abgebender Energie darstellen. Sie sind Umwandler und Energie-Verteiler zwischen der geistigen Welt und dem Erdenleben des Menschen.

Sie dienen einerseits der geistigen Welt als Tore für das Einströmen in das Leben des Menschen durch alle Aura-Schichten sowie andererseits als Pforten für Schwingungen, die aus der dichteren Erdebene nach oben steigen. Die Energie erscheint wie ein fließender Atem, der offen ist für beide Wege. Ein- und Ausatmen, Aufnehmen und Abgeben erfolgen je nach Bedarf und Notwendigkeit. Sie entsprechen den sieben Spektralfarben ebenso wie den sieben Grundtönen und sind das energetische Pendant einer geistigen Grundwahrheit. Es gilt noch immer: „Wie oben so unten."

Die Chakras decken ein weites Spektrum von Aktivitäten ab und sind die Basis für viele energetische Vorgänge, die sich sowohl auf den irdischen Körper auswirken als auch von diesem in das feinstoffliche Netzwerk ausstrahlen.

• Sie sind ein wichtiger Bereich im spirituellen Wachstumsprozess des Menschen, da sie Informationen aus den höheren Daseinsebenen übermitteln und die Verbindung in die geistige Welt unterstützen.

• Sie dienen als Verbindungs-Matrix zwischen den verschiedenen Auren des Menschen.

• Sie transformieren Energie und sind für den Erhalt des materiellen Körpers verantwortlich.

• Sie schützen das feinstoffliche System des Menschen durch eine feine Gitter-Matrix.

• Die Zellen des Körpers werden für die lichtvollere Energie der neuen Zeit vorbereitet und transformiert.

• Sie überwinden die Spaltung und Trennung der Dualität, nicht nur im männlich – weiblichen Bereich, sondern entsprechend auch auf der geistigen Ebene.

- In der jetzigen Zeit sind sie intensiv an der karmischen Ablösung und Befreiung des Menschen beteiligt; hauptsächlich an der Ablösung und Auflösung globaler irdischer Felder, die alle Lebensbereiche betreffen, etwa festgefahrene Glaubensmuster oder alte Verhaltensregeln.

- Sie fördern die notwendigen Umwandlungsprozesse, damit sich der Mensch auf die zukünftigen Energien des Planeten optimal einschwingen kann.

- Karmische Ablagerungen und emotionale Lasten werden aufgenommen und in einer höheren Ebene aufgelöst; oder aus den Chakras strömt die Umwandlungskraft für die Ablösung alten Karmas sowie die notwendige Erkenntnis des Menschen.

- Abgespaltene Seelenteile des Menschen werden über die Chakras re-integriert und dem jetzigen geistigen Stand angepasst.

- Innere Bereiche, die noch in der Vergangenheit verhaftet sind, werden in die Gegenwart gebracht.

- Es erfolgt die Befreiung von weltlichen Strukturen, die bindend und einengend das System stören, bis sie durch Bewusstwerdung aufgelöst werden.

Die Chakras stellen zwar wichtige Werkzeuge für den geistigen Weg dar, aber sie sind nicht der geistige Weg, wenngleich er ohne sie nicht möglich ist. Die folgenden Kapitel enthalten zahlreiche Informationen sowie Übungen, wie man die einzelnen Prozesse unterstützen und sich auf die Neuerungen und die Energien einer lichtvollen neuen Welt einstellen kann. Viele gehen diesen Weg bereits und können ihn durch eine stärkere Hinwendung noch unterstützen.

Die Energiezentren stehen in enger und wichtiger Verbindung zum Nervensystem des Menschen. Das Nervensystem besteht aus dem Zentralnervensystem (Gehirn und Rückenmark), aus dem peripheren Nervensystem (zwölf Hirnnervenpaare und einunddreißig Spinalnervenpaare) und aus dem willkürlichen und unwillkürlichen Nervensystem. Die Energienetze sind eng verbunden und steuern die Organe, die Reizaufnahme sowie die Möglichkeit, das Wahrgenommene zu begreifen. Hier wird schon deutlich, dass die Verbindung von Chakras und Nervensystem eine wichtige Funktion in der Bewusstwerdung, der Wahrnehmung, der emotionalen Klärung und der körperlichen Versorgung darstellt.

Es ist in besonderer Weise wichtig, sorgsam und wachsam mit ihnen zu arbeiten. Es sollte auch die Vorstellung aufgegeben werden, dass man selbst in der Lage sei, diese Veränderungen zu bewirken. Man kann danach streben und tief in sich „wissen", welche Wege eingeschlagen werden können und welche Übungen vonnöten sind; doch nur die Christus-Energie, die im Menschen fließt, kann eine Ablösung von alten Bindungen sowie eine Erneuerung erreichen. Jesus sagte stets: „Der Herr tut die Dinge durch mich!" Das sollte für jeden Menschen die Basis seines Weges sein.

An dieser Stelle ist es besonders wichtig, sich bewusst zu machen, dass der Mensch nicht wieder neue Systeme aufbauen sollte. Er vermag als Individualität – und dennoch in Verbindung mit dem Ganzen – seinen Weg in die geistige Heimat zu beschreiten. Möglicherweise waren viele Systeme notwendig und dienten eventuell als Halt und Wegweiser, doch befinden wir uns gegenwärtig in einer Energieschwingung, die es notwendig macht, dass nun jeder einzelne Mensch aus seinem freien Willen heraus seinen eigenen

Zugang zum Göttlichen aufbaut, von dem er dann getragen wird. Es wäre hilfreich, dass er alle alten Bindungen und Prägungen losließe, um sich von seiner Intuition führen zu lassen. Dann bestimmen ihn nicht mehr irdische Kräfte, sondern er wird aus der geistigen Welt getragen, informiert und unterstützt. Ein wichtiger Schritt zur Heimkehr und Rückbindung kann so erreicht werden. Doch dies erfordert Stille, das Sehnen nach Gott und das Loslassen alter Anhaftungen.

Das Ego, welches sich bislang an vielen Vorstellungen und Energieversorgungen aus der menschlichen Ebene festgehalten hat, ist nun aufgefordert, zu erkennen, loszulassen und sich neu auszurichten. Das ist nicht immer einfach, da das Ego zuweilen mit großer Raffinesse seine Energien aus der Außenwelt bezieht. Doch im Streben nach dem Höheren wird das Ego immer mehr verändert und kann erkennen, dass Gottes Liebe es durchdringt und es aus dieser Energie getragen wird. Das Ego reagiert auf das Gefühl des Nicht-Geliebt-Werdens zu Beginn seines Erkenntnisweges meistens mit Zorn und Hass auf alles. Es möchte, dass auch das Umfeld leidet, damit es selbst bestätigt wird: „Andere leiden auch." Das Gefühl, ausgestoßen zu sein oder nicht geliebt zu werden, wird dadurch kompensiert, dass Hass und Elend verbreitet wird, damit man nicht allein ist in seinem Schmerz. Die Schuldübertragung auf andere ist ein weiteres derartiges Vorgehen. Es wird nicht registriert, dass nicht Gott uns aus seiner Liebe gestoßen hat, sondern wir selbst dafür verantwortlich sind. Diese Einsicht ist anfänglich schwierig zu akzeptieren, doch das Wissen, dass Gott jede einzelne Seele von Herzen liebt und keine vergessen oder verstoßen wird, schenkt neue Hoffnung. Der Heimweg steht offen, doch muss zuerst erkannt werden, dass niemand anderes Schuld hat und der Schmerz nicht besser wird, wenn auch andere leiden. Der Heimweg ist die Liebe zu Gott, zum Nächsten und zu sich selbst. Dies ist die Kraft, die alle Pforten in das Himmelreich öffnet, in dem der Mensch mit großer Liebe erwartet wird.

In der heutigen Gesellschaft wird immer wieder betont, man müsse seine Ziele verwirklichen, man müsse sich darstellen und für seine Werte kämpfen. Dies regt ausschließlich das Ego an, und die Welt führt uns vor Augen, wo sie hinkommt, wenn sie auf das Ego hört. Das Ergebnis ist Chaos und Gottferne. Die gegenwärtige Welt befindet sich weitgehend außerhalb der göttlichen Ordnung. Sie ist durchzogen mit Ego- und Machtstrukturen, was dem sehenden Menschen derzeit überaus deutlich gezeigt wird. Alles Lieblose und Dunkle wird unübersehbar an die Oberfläche und zur Erkenntnis gebracht. Die meisten gesellschaftlichen Systeme dienen nicht mehr dem geistigen Fortschritt, einem höheren Ziel oder wenigstens dem Wohl des Menschen. Meistens dienen sie nur noch dem Machtstreben und dem Erhalt von egoistischen Bestrebungen.

Nicht nur in Kollektiven, sondern auch im Menschen selbst zeigen sich die lieblosen Bereiche und drängen mit großer Macht an die Oberfläche, um ausgelebt zu werden. An vielen Arbeitsplätzen kann zurzeit wahrgenommen werden, dass es zahlreichen Menschen nur noch um die Energie des Egos geht. Es wird gewertet, beurteilt und verurteilt; andere Menschen werden schlecht gemacht, und es wird gelogen und betrogen. Diese Energien durchziehen nicht nur das persönliche Feld des Menschen, sondern haben ganze Völker und Kontinente erfasst. Vor allem kollektiv aufgebaute Felder versuchen mit großer Intensität, ihre „Anhänger" zu halten, um sie weiter als Energiezuträger zu nutzen.

Die dunklen Kräfte, die sich auch über das Ego ausleben möchten, geraten mittlerweile durch den lichtvollen Einstrom höherer Energien immer mehr in Bedrängnis. Die immer intensiver einstrahlenden hohen Lichtenergien verursachen in ihnen eine Art Bedrängnis, in der sie mit extremer Kraft versuchen, ihre Zugriffe zu erhalten und ihre Macht zu manifestieren. Doch diese einwirkende Christus-Energie lässt nicht nur das Dunkle aufbegehren, sondern es stärkt vor allem den einzelnen Menschen auf seinem Weg in die Liebe.

Es ist für jedermann deutlich wahrnehmbar, wohin eine Ausrichtung auf den Eigenwillen Einzelne bringen kann. Jeder Mensch kann erkennen, an welche Gedankenfelder oder Emotionen er noch gebunden ist, was ihm gleichzeitig ermöglicht, sich davon zu lösen. Das ist keine leichte Aufgabe. Dieser Prozess ist mit viel Einsatz und Liebe verbunden, doch es ist der einzige Weg, um an sich zu arbeiten und sich dem Göttlichen zu nähern.

Es ist eine grundlegende Erkenntnis, dass das menschliche Streben nach Gott und das persönliche Handeln wichtig sind, *geschehen* wird die Verwandlung jedoch durch die Energie der Christus-Kraft. Das Übergeben seines ganzen Seins an diese höchste Kraft bringt den Menschen weiter. Der Mensch ist bereits mit der göttlichen Vollkommenheit verbunden, er muss im Grunde nur loslassen, alle begrenzten Vorstellungen aufgeben und wahrhaft erkennen. Ein so edles Gefühle wie Liebe oder ein erwachtes Bewusst-*Sein* sind **Zustände**, sie können nicht durch das Wollen erreicht werden. Überall dort, wo der Mensch das Wollen aufgeben kann, wird wieder der ursprüngliche Zustand eintreten – das **Sein in Gott**.

Wenn man den „Fall-Mythos" aus der christlichen Mystik zugrunde legt, in dem der höchste Engel mit vielen anderen aus dem Urzustand im Reich Gottes herausfiel, da er glaubte, selbst Göttliches vollbringen zu können, zielt die Schöpfung – und darin auch die Erdenwelt – darauf ab, die „Gefallenen" wieder in das Gotteshaus zurückzubringen[1]. Lebt der Mensch den Eigenwillen aus, entsteht eine Welt, wie wir sie heute vor Augen haben. In dieser Einsicht liegt jedoch auch eine große Möglichkeit der Erkenntnis und damit der Befreiung und Loslösung aus diesen Ego-Strukturen. Wer jetzt zur Einsicht gelangt und den Weg der Liebe wählt,

---

1 (Vgl. dazu „Karma und Freiheit", Grafing 2004)

wird von geistigen Wesen und höchsten Liebesenergien in einzigartiger Weise unterstützt. Er vermag so seinen Eigenwillen loszulassen und zu erkennen, dass Gott das wahre Ziel von all seinem Sehnen ist und nicht die Versuchungen des Egos, die ohnehin nur eine kurzlebige Befriedigung und ein rasch vergängliches Glücksgefühl bringen.

Hier berühren wir eines der wichtigsten Energiegesetze, die gegenwärtig auf diesem Planeten wahrnehmbar sind. Es ist das Thema der vergänglichen Ego-Kraft im Gegensatz zur Gottes-Kraft. Von welcher Energie ernährt sich der Mensch? Wovon wird er getragen?

Wenn man wieder die „Fallgeschichte" zugrunde legt, wurde am Anfang alles Sein aus der nie versiegenden Gottesenergie gespeist. Nachdem nun der höchste Lichtengel mit vielen anderen Wesen aus dieser Energie herausstürzte, da er sie auch nicht mehr nutzen wollte und glaubte, er könne selbst erschaffen, waren alle Geschöpfe plötzlich auf ihre eigene Energie angewiesen. Doch diese Ego-Energie erhielt keinen göttlichen Nachschub. Dadurch wurden alle Wesen immer härter und liebloser, verfielen immer mehr in die Wirbel ihrer eigenen Energien. Sie stürzten in emotionale Kälte, in das Gefühl, nicht mehr von Gott geliebt zu werden. Sie gerieten in Zorn, der leichter zu ertragen war als das Gefühl, nicht mehr geliebt zu werden. So entstand Verachtung und Verurteilung, ohne die Ursache in sich selbst zu sehen.

Doch Gott lässt seine Geschöpfe niemals im Stich. Über das Innere, das immer noch mit Gott vereint war, wenn auch nur mit einer hauchdünnen Energieverbindung, wurde eine Möglichkeit der Rückkehr geschaffen, die sich durch eigenes Streben jeder einzelnen Seele in jeder Zeit erreichen lässt. Dies beinhaltet Erkenntnis, Herauslösen aus dem Eigenwillen und das aufrichtige Streben nach der geistigen Heimat. Doch muss die Seele nun bestimmte

Prüfungen durchleben, um sich aus freiem Willen wieder für das Göttliche zu entscheiden.

Die Erde bereitet mit großer Hingabe und Liebe der gegenwärtigen Menschheit diesen Rückweg. Sie war ihr Heimat und Wohnstatt, voll tiefer Liebe trotz des Wissens, dass der Mensch sie zum Ende der Zeiten fast zerstören würde. Doch Gottes Plan sieht anderes vor. Die Erde und alle Seelen, die sich für den Weg der Liebe öffnen können, werden von der Liebe Gottes in einem gewaltigen Akt der Wandlung erhöht werden. Dann enden die Schmerzen, dann endet Ausbeutung und Lieblosigkeit, und die Welt wird in einer Schwingung der Liebe und Hinwendung an die höchsten Energien ihren weiteren Entwicklungsweg anstreben.

Innerhalb einer Inkarnation hat der Mensch verschiedene Möglichkeiten der energetischen Versorgung. Lebt er von menschlicher Energie oder von göttlicher! Nicht selten muss der Einzelne dafür zuerst seinen inneren Zorn überwinden, darunter den Zorn auf Gott, dass er ihn anscheinend nicht mehr liebt. Doch war er nicht selbst derjenige, der sich einst aus der Liebe Gottes entfernte, im Glauben, selbst Schöpfer sein zu können? Es ist nutzlos, die Schuld bei anderen zu suchen oder gar bei Gott. Dies kann nicht der Weg sein und führt nur in die Irre. Der Mensch kann sicher sein, dass alles, was ihm widerfährt, stets zu seinem Besten ist, zu seiner Erkenntnis, zu seiner Erlösung, zu seiner Befreiung und letztlich zu seiner Heimkehr in die göttliche Energie. Auch wenn es beim derzeitigen Energiezustand der Erde extrem schwierig erscheint voranzukommen und so manche Hürde mühsam erklommen werden muss, liegt doch stets ein tiefer Sinn dahinter. Zu keiner anderen Zeit konnte so viel altes Karma verarbeitet werden, in keiner früheren Inkarnation war die mentale und emotionale Wahrnehmung so weit geöffnet, und zu keiner Zeit waren die Hilfen aus der geistigen Welt so vielfältig und umfassend wie heute. Wir befinden uns in einer Zeit einzigartiger

Erkenntnismöglichkeiten zur Befreiung aus den Versuchungen des Egos.

Das Wissen um den höheren Sinn und das innere Gewahrsein göttlicher Führung schenkt dem Menschen das Gefühl, nicht allein zu sein. Es bestärkt und unterstützt ihn auf all seinen Wegen. Die göttliche Energie ist ein nie versiegender Quell für Liebe, Kraft und Genesung auf allen Energieebenen. Macht sich ein Mensch die Liebe zum Ziel allen Seins, wird er stets auch aus dieser Energie gespeist. Mag er im gegenwärtigen Prozess der Verarbeitung manchmal noch heftige Krisen durchleben und mitunter erfüllt sein von starkem Schmerz, so darf er dennoch immer gewiss sein, dass ein Sinn hinter allem Geschehen steckt und alles der Loslösung oder Erkenntnis dient.

Die Ego-Strukturen, die nicht selten zutiefst unbewusst vom Menschen ausgelebt werden, beziehen ihre Energie stets aus dem menschlichen Umfeld. Sie schwingen noch außerhalb der göttlichen Ordnung und müssen manchmal durch schmerzhafte Erkenntnisprozesse auf die Wahrheit hingewiesen werden. Das Ego kennt viele Wege und ist mitunter listig und tückisch, um den Menschen in seinen Fängen zu halten.

So mancher Schauspieler oder Sänger, der sich nicht bewusst macht, dass seine Talente Geschenke Gottes sind, kann durch das Ego verführt werden. Er holt sich seine Energie aus der Bewunderung und kurzzeitigen Energieüberhäufung seitens seiner Bewunderer und fällt total in sich zusammen, sobald diese ausbleibt. Dann gibt es Menschen, die dauernd Rollen spielen, um witzig zu sein und so durch Aufmerksamkeit neue Energie zu erhalten. Andere nutzen die Energie gesellschaftlichen Ansehens, etwa als Arzt oder Politiker, um ihre Stellung zu definieren und so Energie zu erhalten. Manche stellen sich immer in den Vordergrund, sind rechthaberisch oder verurteilend, um so Energie von den Mitmenschen abzuziehen. Über die Befriedigung ihres Egos decken noch unbewusste Teilbereiche einer Persönlichkeit ihren Energiebedarf und entfernen sich immer mehr von der Inspiration aus höheren Ebenen.

Manchmal wird das Ego als eigenständiger, gleichsam fremder Teil des Menschen angesehen, doch ist dies nicht richtig. Das Vorgehen des Egos erscheint dem Menschen mitunter zerstörerisch, seinen Fortschritt behindernd und Leid und Chaos verursachend – doch es ist ein Teil des Menschen. In den meisten Fällen stecken hinter zerstörerischen Energien starke Schmerzen aus früheren Leben, etwa des Verlassenseins oder anderer leidvoller Situationen. Um dies zu kompensieren, stürzt sich das Ego nicht selten in fortwährende Verurteilungen seines Umfeldes. Wenn die anderen schlecht sind, kann es sich besser fühlen. Es wird gehasst und verurteilt, nicht bemerkend, dass darüber auch das in vielen Ebenen existierende Negative ernährt wird. Das Ego ist durch diese Handlungen Zuträger für niedere Wesen, die ihn kurzzeitig mit Halt und Zuwendung füttern, ihm diese jedoch bald wieder entziehen. Das ganze Geschehen stellt ausschließlich eine Ablenkung dar, damit die noch unausgerichteten Teile im Menschen nicht erkennen können, dass sie eigentlich ein Teil Gottes sind und von ihm auch geliebt und unterstützt werden, wenn sie dies zulassen können. Niemand im Äußeren ist schuld – und schon gar nicht Gott. Von Schuld sollte man aufgrund der Belastung des Wortes gar nicht sprechen, doch hat sich durch den Fall das Ego selbst aus der Liebe und Energiezufuhr Gottes herauskatapultiert, und es liegt nun auch an ihm, wieder heimzukehren. Die erwachten Bewusstseinsteile im Menschen müssen nun ganz konkret mit diesen „unerwachten Nachzüglern" umgehen und arbeiten. Wenn der Mensch nicht bis zu einem bestimmten Anteil die Liebe in sich erwecken konnte, wird er den Übergang in eine höhere Bewusstseinsstufe in diesem Zyklus nicht mehr erreichen. Glücklicherweise gibt es immer mehr Menschen, die jetzt zur Erkenntnis gelangen und sich ganz bewusst auf den inneren Weg begeben, um gemeinsam zurückzukehren mit jenen Menschen, in denen sich die Liebe Gottes als Kraftquell bereits intensiv ausgebildet hat und auch im Alltag gelebt wird.

Die Persönlichkeit eines Menschen setzt sich aus vielen Seelenfasern oder Bewusstseinsteilen zusammen. Es sind in ihm sowohl sehr weit entwickelte Bewusstseinsbereiche enthalten als auch Teilbereiche, die noch die höheren Tugenden zu lernen haben oder sich von alten karmischen Bindungen lösen müssen. Das Verstandesdenken, welches immer danach trachtet, alles zu durchdringen und zu kontrollieren, wirkt ähnlich wie die Bedürfnisse des Menschen, die teilweise vom Ego übernommen worden sind, um sich über die Zuwendung von Menschen mit deren Energie zu versorgen. Tatsächlich jedoch streben sie die Liebe Gottes an, denn nur in ihr können sie den wahrhaften Weg finden.

Alle noch unausgerichteten Teilbereiche des Menschen stehen mit kollektiv unausgerichteten oder erschaffenen Energiefeldern gleicher Ausrichtung in Verbindung, ebenso wie die auf Gott ausgerichteten Bereiche vom Höchsten erfüllt und geführt werden. Man kann sich bildlich die Außenhülle, also die Körperoberfläche des Menschen, wie ein Puzzle mit Tausenden von Teilen vorstellen. Wenn alle Teile eingefügt sind, verbinden sie sich mit der Kraft der göttlichen Ordnung, ihre einzelnen Randschichten werden mit dem Ganzen vereint und ein herrlich glänzender Klarlack überzieht ihre Oberfläche. Dies soll nur zur Anschauung dienen, denn in Wirklichkeit durchdringen sich mehrere Dimensionen.

Im Laufe der irdischen Ent-Wicklung und Lernprozesse sind jedoch auf dieser Körperoberfläche einige oder etliche Puzzleteile aus ihrer Ordnung (der göttlichen Ordnung) herausgefallen, sie stehen quer, ragen teilweise mit spitzen Enden aus ihrem System heraus und sind in den meisten Fällen durch dunkle Fäden mit Energiewolken in der Außenwelt verknüpft. Sie werden geblendet und im Dunklen gehalten, bis sie eines Tages erkennen, dass sie nur sich selbst und dem ganzen System schaden, aber nicht wirklich weiterkommen. Sie dienen der Scheinwelt, jedoch nicht sich selbst oder gar dem Höheren. Die weichen Energieversorgungen werden blockiert von der Unordnung und den herausstehenden Teilen und können, teilweise völlig belagert von fremden Einheiten, nicht fließen.

Man kann sich nun die Reintegration dieser verwirrten, herausstehenden Puzzleteile wie die Heimkehr in die Ordnung eigener Teilbereiche vorstellen. Manche Teile befinden sich noch außerhalb des Körpersystems und müssen überhaupt erst einmal zurückgeholt werden, andere wiederum werden von äußeren Energien kontrolliert und wieder andere sehnen sich nach der sanften Liebe Gottes und erkennen noch nicht, dass sie eigentlich nur ihren Eigenwillen loslassen müssten, um „sein" zu können. Wir müssen keine Welten bewegen, sondern sie eigentlich nur loslassen. „*Zurück zum Sein*", das ist das oberste Motto und der Weg. Keine aufgebauten Gedankenwelten oder Sehnsüchte sind der Weg, sondern die „Rückkehr zum Sein".

Der Mensch sollte sich immer bewusst sein, dass er vieles in Bewegung bringen kann und sein persönliches Streben der Motor ist, doch muss er sich bewusst bleiben, dass er stets den höheren Gesetzen und der geistigen Welt in seinem Tun und Handeln untersteht. Wenn er akzeptiert, dass gewisse Dinge vielleicht nicht so funktionieren, wie er es sich vorstellt, sollte er die Entscheidungen immer einer höheren Kraft übergeben. Die geistige Führung möchte für den Menschen stets das Beste, doch kann der Mensch kaum das gesamte Spektrum überblicken und sollte Vertrauen haben, auch wenn manches vielleicht nicht gleich geschieht oder ganz anders, als er es sich dachte. Mit Sicherheit gibt es dafür einen wichtigen Grund, welcher der Persönlichkeit nur noch nicht bekannt ist. Die Probleme des Menschen ergeben sich aus dem Wollen, aus Verurteilungen und Bindungen. Dieses Wollen ist der Eigenwille, da er das für sich will, was er für erstrebenswert erachtet und sich dabei in keiner Weise fragt, ob das für andere oder für die Gesamtheit ebenso gilt. Die Befriedigung von Bedürfnissen, die meist nur von der Außenwelt aufgesetzt sind, bestimmte sein Handeln. Das Umfeld verurteilen oder abwerten, um sich selbst besser zu fühlen, wollen nur jene Teilbereiche im Menschen, welche die Liebe nicht mehr fühlen. Liebt der Mensch seinen Nächsten, wird er niemals emotional aus seiner beschränkten Sicht heraus urteilen. Er wird zwar erkennen und das Erlebte auswerten, jedoch nicht mehr *urteilen*; denn er trennt sich sonst nur selbst vom Strom der Liebe.

Die nachstehenden Informationen sollen eine Möglichkeit darstellen, um intensiv an der persönlichen Entwicklung und karmischen Befreiung arbeiten zu können und so in der energetischen Vorbereitung für das Neue Zeitalter voranzukommen. Es wird in diesem Buch in der Folge deshalb nicht immer erneut dargestellt, dass die Inhalte meiner geistigen Wahrnehmung entsprechen, sondern die Annahme des Geschriebenen bleibt dem Leser überlassen. Es ist mein Wunsch, dass jeder Mensch aus diesem Buch die Wahrheit entnehmen kann, die er für sich im Moment als richtig erachtet, mit der er sich wohlfühlt und von der er in seinem Inneren glaubt: „Das ist Wahrheit." Nur die eigene Erkenntnis und das tiefe innere Wissen um den eigenen Weg zählen. Alles Wissen ist im Menschen bereits vorhanden, es ist seine Aufgabe, es zu erwecken und die Wahrheit hinter allen äußerlichen Erscheinungen und den emotionalen und mentalen Verblendungen zu erkennen.

In vielen Menschen ist das Sehnen nach Harmonie und Liebe sehr stark geworden. Dieser Wunsch dient als Motor und Tor-Öffner für viele Helfer aus der geistigen Welt. Der Mensch fühlt tief in seinem Inneren, dass nur ein Weg, eine Hilfe und ein Ziel das Richtige sein kann – der Weg zur vollkommenen Liebe, zu Gott. In vielen Menschen wird das innere Gefühl immer deutlicher, dass sich der Prozess beschleunigt und nicht mehr sehr viel Zeit bleibt vor der großen Veränderung. Das Streben nach Ablösung alter Bindungen und das Erreichen eines geistigen Fortschritts wird immer drängender in den Menschen, die sich innerlich auf eine große Verwandlung vorbereiten und sich der Tragweite der momentanen Umgestaltungen auf diesem Planeten bewusst sind.

Viele Menschen haben den ewigen Zank und die Gier nach Macht satt. Die Wirren und das Chaos in der Welt haben ein Ausmaß erreicht, welches kaum noch erträglich ist. Vieles Alte bricht zusammen, und die Menschen selbst befinden sich in emotionalen Konflikten und Verwirrungen, mit denen sie häufig kaum umzugehen vermögen.

Das Chaos und die Dunkelkraft scheint zu siegen, doch wird dies noch von der geistigen Führung zugelassen, damit der Mensch erkennen kann, wohin ihn Systeme ohne wahre Ethik, Nächstenliebe und göttliche Inspiration führen. Es wird in erschreckender Form aufgezeigt, wie Systeme, die nicht von göttlicher Energie gespeist werden, zerbrechen und ihre innere Leere offenbaren.

Viele Menschen spüren inzwischen, dass sich in der Zukunft etwas ereignen wird, wovor sie sich vielleicht in gewisser Weise fürchten, obwohl sie wissen, dass das Leben ohne eine große Veränderung nicht weitergehen kann. Doch die Zukunft ist eine Zukunft der Liebe und des Lichtes. Mag der Übergang sich noch etwas abrupt und teils auch schwierig gestalten, in der Zukunft erwartet den Erdenmenschen ein Leben mit mehr Gottesnähe und einer geöffneten Wahrnehmung für die geistigen Wahrheiten.

Auch die Erde selbst befindet sich bereits mitten in der großen Wandlungsphase. Teilweise entlädt sie negative Energien, die sich durch die vermehrten Naturkatastrophen zeigen. Es brodelt in ihrem Inneren, und die negativen Schwingungen des Menschen hängen wie zerstörerische Trauben an ihr. Aufgebohrt, durchlöchert und bestohlen, beleidigt und geschändet, ohne Liebe behandelt und ausgebeutet, liegt sie wie in den Wehen einer Geburt. Doch bevor das Neue geboren wird, muss erst das Alte, Negative von ihr weichen. Dann kann auch die Erde wieder mit neuer Energie in größerer Nähe zum Göttlichen ihren Weg gehen.

Das gesamte Energiesystem unserer Sphäre, mit allen Lebewesen im irdischen und feinstofflichen Bereich, steht vor einer großen Veränderung, denn das Licht der Christus-Kraft wird in deutlich stärkerem Maße die Bereiche der „Neuen Erde" durchdringen. Die Liebe und das Licht werden sich so intensiv verstärken, dass das Dunkle in der Zukunft auf diesem Planeten schwingungsmäßig nicht mehr existieren kann. Auch Menschen, die sich nicht dieser Liebe öffnen können, werden den Planeten verlassen und ihre Entwicklung an einem anderen Ort weiterführen. Für ihre Seelen ist dies kein Schaden, nur eine Veränderung ihrer Entwicklungsbedingungen. Für die Menschen jedoch, die sich den liebevollen Schwingungen der neuen Erde öffnen können, wird eine wunderbare Zeit anbrechen. In enger Verbindung mit der geistigen Welt können sie ohne Angst und Existenzsorgen ihrer Entwicklung nachgehen, und die Liebe wird zur treibenden Kraft werden.

Die Arbeit mit den Chakras, ihre Reinigung und Aktivierung, ist ein entscheidender Aspekt in dieser Veränderung. Mit konkreten Hinweisen und Übungen zeigt dieses Buch im weiteren Verlauf auf, wie der Mensch an sich arbeiten kann, um sich den höheren Energie zu übergeben und in einen neuen Zustand des Bewusstseins überzuwechseln. Das wahrhafte innere Streben des Menschen und das geöffnete Bewusstsein in Liebe lassen diese Übungen wirksam werden und erzielen manchmal ungeahnte Ergebnisse. Vielleicht lösen sie auch eine kurze Zeit der Unruhe aus; doch nur in der Annahme bisher verdrängter Blockierungen kann eine wahrhafte Auflösung erfolgen. Danach kann die höhere Energie wieder diese Bereiche durchdringen und den Menschen immer mehr stärken.

Liebevoll unterstützt die geistige Welt jeden geistig strebenden oder sich nach Liebe sehnenden Menschen, auch wenn er keine Übungen praktiziert und sich mit Spiritualität noch nicht auseinandergesetzt hat. Das innere Streben ist das Entscheidende, das Sehnen nach der Liebe und die Arbeit an den inneren Werten des Menschen. Die Prozesse der Wandlung können mit der Hilfe zahlloser Lichtwesen verwirklicht und die Erkenntnisse in schnellerer Abfolge erreicht werden. „Klopfet an, so wird euch aufgetan", lehrte Jesus – und seine Worte sind wichtiger denn je.

II. DIE CHAKRAS UND IHRE LAGE

Bevor im weiteren Verlauf des Buches über die derzeitigen und zukünftigen Funktionen der Energiezentren berichtet wird, beschäftigt sich dieses Kapitel mit der Lage, Form, Farbe und Größe der einzelnen Zentren. Nicht nur das System der sieben Haupt-Chakras ist für den gegenwärtigen Energieprozess und die große Wandlung von Bedeutung, sondern auch das Mittel-Zentrum (auch als „Hara" bekannt) und die beiden aktiven „Silber-Zentren" werden dargestellt und erläutert.

Die beiden Silber-Zentren

Diese beiden Energiezentren, die sich wie Lichtwirbel im Energiefluss abheben, haben sich im menschlichen Energiesystem in der jetzigen Zeit in besonderer Weise geformt. Befand sich das Zentrum gegenüber dem Herz-Chakra schon länger in aktiver Schwingung, hat der Lichtwirbel knapp über dem Nabel erst in jüngster Zeit zu wirken begonnen. Nachstehend werden sie als „Silber-Zentren" bezeichnet, da sie mit einer ganz besonderen Energie aktiviert und gekräftigt werden, die sich als silbern bis weiß strahlende lichtvolle Kraft zeigt. Es ist die Christus-Energie, die sich in diesen beiden Zentren in besonderer Art und Weise durch die silbern-weiße Farbe mit manchmal zusätzlich auftauchenden goldenen Elementen bemerkbar macht.

Das obere Silber-Zentrum befindet sich rechts von der körperlichen Mitte auf der Höhe des Herzens und ist energetisch eng mit dem Herz-Chakra verbunden. In dieses Zentrum fließt in besonderer Weise die stärker auf diesen Planeten einstrahlende Christus-Energie ein. Sie wandelt geprägte Energie in neutrale Kraft um und löst vor allem emotionale Blockierungen auf, die sich vorwiegend aus karmischer Last zusammensetzen. Zudem unterstützt sie den Einstrom der freien, lichtvollen Energie, welche nach und nach immer mehr Bereiche des Menschen erhöht und an die Schwingung der neuen Zeit anpasst.

Das untere Silber-Zentrum befindet sich leicht oberhalb des Nabels, hat zu Beginn seiner Aktivierung einen Durchmesser von ungefähr sieben Zentimetern und wird sich bis auf eine Größe von zehn Zentimetern ausbilden. Es umschließt mit seinen kreisenden Energiewirbeln den Nabel. Da sich das „Hara" ebenfalls über den Nabel erstreckt und mitunter auch das Milz-Chakra mit seiner Ausstrahlung den Nabel berührt, wird deutlich, dass die Energie-Struktur in diesem Bereich innerhalb der sich abzeichnenden großen Wandlung von zentraler Bedeutung ist.

Die Hauptfarbe dieser lichtvollen und strahlenden Zentren ist das Silber, welches mitunter aber auch Partikel von Gold sichtbar werden lässt.

Ihre Form lässt sich am treffendsten mit einem Wirbel aus kreisender, sich zur Mitte zentrierender Energie vergleichen, der aus höheren Ebenen gespeist wird und sich in der jeweiligen Verdichtung der feinstofflichen Körper als Wirbel sichtbar manifestiert. Über diesen beiden Silber-Zentren ist niemals etwas Dunkles zu sehen. Wird im Zuge der Verarbeitung derartige Energie sichtbar, wird sie, wie vergleichsweise die Materie und das Licht in einem Schwarzen Loch im Weltall, sofort verschluckt. Nur zeigt hier das Schwarz des Weltalls eindeutig das helle Silberlicht. Es ist eine besondere Gnade dieser Zeit, dass die Christus-Energie solch eine energetische Hilfe für das menschliche Energiesystem zur Verfügung stellt.

Bei Menschen, die sich zurzeit noch nicht auf die höheren Werte und das neue Christus-Bewusstsein ausrichten können, sind diese beiden Zentren kaum aktiviert. Es sind fast keine Bewegungen wahrnehmbar und kaum ein Strahlen erkennbar, welches sich bei den Menschen manifestiert, die sich der Liebe öffnen und sich auf die Energie der neuen Zeit einstellen können. Sobald diese Menschen sich jedoch verstärkt auf die inneren Werte, die Liebe und das Gottesbewusstsein ausrichten, werden sofort die Silberwirbel aktiviert, und die Unterstützung aus der geistigen Welt wird eingeleitet.

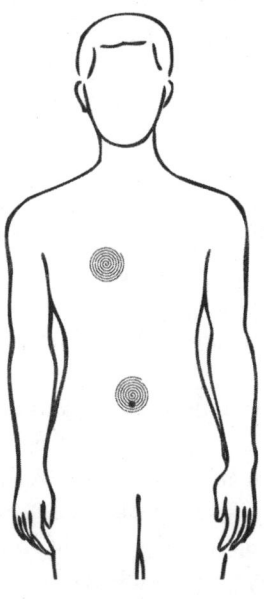

Abbildung I

Das Mittel-Zentrum (Hara)

Dieses Zentrum ist nicht im System der sieben Haupt-Chakras enthalten, ist jedoch energetisch eng damit verbunden. Es übt ebenfalls großen Einfluss auf die Empfindungsebene und das Nervensystem des Menschen aus. Über dieses Zentrum ist der Mensch mit allem Sein dieses Planeten verbunden und hat in gewissem Maße Einfluss und Anteil am Gesamtgeschehen. Er muss sich aber auch mit aufgebauten dunklen Strukturen auseinandersetzen, die den Menschen auf seinem Weg der Befreiung noch einengen und behindern.

So wie der ungeborene Mensch über die Nabelschnur mit dem Organismus der Mutter verbunden ist und von diesem über die Plazenta mit Nährstoffen versorgt oder von verbrauchtem Material befreit wird, so durchzieht auch eine silberne Energie-Schnur dieses Zentrum, was vor allem dann sichtbar wird, wenn der Mensch mit seinem Astralleib in der Nacht seinen Körper verlässt. Über die Silberschnur ist er stets mit diesem verbunden und kann Signale empfangen sowie weiterleiten oder abgeben. So kann es sein, dass der Körper im Schlaf zuckt, wenn die Seele in einer der Astralebenen bestimmte Ereignisse erlebt, da die dortigen Empfindungen darüber transportiert werden.

Da über dieses Zentrum die noch unerlösten und karmisch belasteten Bereiche des Menschen in die Erkenntnisebene geführt werden, ist dieser Bereich mitunter von sehr dichten und mit Emotionen erfüllten Energiestrukturen durchzogen. Zeigt sich alter Zorn, Hass, Wut, Enttäuschung oder Angst, sieht das Mittelzentrum farblich entsprechend düster aus, mit braunen, manchmal schwarzen oder grauen, bisweilen sogar schmutzig grünen und roten Nuancen. Verzerrungen und Blockierungen können sich zur Auflösung drängen und verursachen nicht selten auch Verkrampfungen im

Magen-Darm-Bereich, da das Hara-Zentrum auch eng mit dem Solarplexus-Zentrum verbunden ist. Es können sich bestimmte Aura-Schichten verschieben, und die Ebenen verkrampfen, wenn ein besonders dichter Energieaufbau hier abgelagert wird.

Da Ablagerungen mitunter über längere Zeit vorhanden sind, zeigt sich dieser Bereich meist in einem liegenden Oval. Es ist dann kein kreisender Wirbel sichtbar, sondern die Bewegung verläuft eher schleppend und schwerfällig. Je freier dieses Zentrum wird, umso runder wird es sichtbar, genauso wie die Aura eines Meisters sich ebenfalls rund zeigt, während die Aura eines strebenden Menschen eher oval ist.

Mitunter lässt sich in diesem Zentrum ein zartes Blau und Rosa erkennen, welches intensiv daran beteiligt ist, männliche und weibliche Bereiche des Menschen zu vereinen und zu erhöhen. Dies ist ein besonders wichtiger Aspekt in der jetzigen Energieumwandlung.

In dieser wichtigen Zeit, in der die geistige Welt intensiv die karmischen Ablösungen unterstützt, ist jenes Energiezentrum besonders aktiviert. Lichtvolle Impulse werden aus den höheren Ebenen gesandt und können beim strebenden Menschen genutzt werden, um liebevoll und in Harmonie mit dem Schöpferwillen die alten Strukturen, Bindungen und Muster aufzulösen. Im weiteren Verlauf werden Übungen aufgezeigt, wie diese Energieprozesse unterstützt werden können und wie sich eine harmonische Auflösung erreichen lässt.

Das Mittel-Zentrum befindet sich leicht unterhalb des Bauchnabels, überspannt ihn jedoch mit seinen oberen Bereichen.

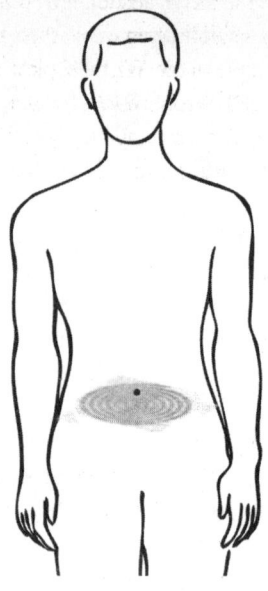

Abbildung II

Die sieben Haupt-Chakras

Die Formen der Chakras erscheinen wie die Blüten einer Blume, mit einer Vertiefung in ihrem Inneren und einem zentralen Kreis, die durch einen kräftigen Stil mit der Wirbelsäule verbunden sind. An der Wirbelsäule erscheinen jene Bereiche, an denen die Verbindungsstränge der Chakras die Wirbelsäule berühren, ebenfalls wie kleine Wirbel, da hier sehr viel Energie umgesetzt und angepasst wird, sie sind jedoch keine eigenständigen Energiezentren, sondern die Verbindungskontakte in die Wirbelsäule. Die Chakras selbst, ebenso wie die Verbindungsstellen an der Wirbelsäule, weisen mitunter eine intensive Aura auf. Die Abstrahlungen können sich auf mehrere Zentimeter ausdehnen, was dann den Anschein erweckt, die Energiegebilde seien wesentlich größer. Das Auftreffen der Verbindungsstränge in die Wirbelsäule erzeugt eine starke Abstrahlung über die Körperoberfläche an den Wirbelkörpern nach außen, während die Ausstrahlung von den Chakras meist über die Öffnungsrichtung der Energiezentren nach außen strahlt.

Die unteren sechs Chakras eines entwickelten Menschen erreichen gegenwärtig in der Regel einen Umfang von ungefähr zehn Zentimetern. Eine Ausnahme bildet das siebte Chakra, das Kronen-Chakra, welches bei einem von Liebe getragenen Menschen bereits einen Umfang von bis zu zwanzig Zentimetern erreichen kann.

Die Drehbewegung dieser Energiewirbel war in den einzelnen Chakras bislang beim Mann und bei der Frau jeweils umgekehrt und wechselte mit dem darüber liegenden Zentrum ihre Richtung. Heute lässt sich hier schon lange keine Übereinstimmung mehr wahrnehmen. Frauen, die sich in harten Männerberufen ihren Weg bahnen, haben in den unteren Chakras nicht selten die gleiche Drehrichtung wie ein Mann. Männer, die sich mit viel Herz für Heim und Familie einsetzen, haben ebenfalls eine veränderte Drehrichtung in ihren mittleren Energiezentren, die bislang den weiblichen Strukturen entsprachen.

Alles ist im Wandel. Alles ist gut, und in der weiteren Verschmelzung der Dualitäten, auch der Polarität von Männlich und Weiblich, werden sich die Chakras vielleicht immer mehr anpassen. Menschen, die einen gleichgeschlechtlichen Partner bevorzugen, zeigten schon immer scheinbar gegensätzliche Drehrichtungen in ihren Energiewirbeln. Hier kann wohl keine Einteilung mehr vorgenommen werden, da dies einer Gesetzmäßigkeit entspricht, die von einer inneren Heil- und Ordnungskraft gelenkt wird.

Das Chakra-System weist äußere Energiewirbel auf, die gerne auch als Blüten-Kelche bezeichnet werden, da sie wie ein geöffnetes Gefäß zur Außenseite zeigen. Diese Form befindet sich gegenwärtig jedoch in einem Wandel, wie in Abbildung IIIa aufgezeichnet.

Abbildung IIIa

Die Form verändert sich von einer stark aufnehmenden kelchartigen in eine eher scheibenartige Struktur (vielleicht mehr mit einer Sonnenblume vergleichbar), die intensiver Energie in die Außenwelt abgeben kann. Der Transport der Energien der neuen Zeit wird noch intensiver von innen nach außen über die Chakras erfolgen.

Weiter besteht das Energiesystem aus den Verbindungssträngen, in denen die aufgenommene Energie zur Wirbelsäule transportiert und auch von dort rückfließend wieder nach außen abgegeben wird. In den Bereichen, an denen die Verbindungsstränge der Chakras an der Wirbelsäule auftreffen, entstehen kleinere Verbindungswirbel, die für das hellsichtige Auge wahrnehmbar sind.

Das ganze System steht untereinander mit verschiedenen Energie-
strängen in Verbindung, ebenso wie verschiedene Energieströme
die Wirbelsäule nach oben und nach unten strömen.

geöffnetes Chakra   geschlossenes, teilweise eingezogenes
Chakra. Der untere Teil des Chakras
bleibt bei der Schließung weitgehend
unangetastet.

Abbildung IIIb

Zurzeit erleben wir eine Energieform, welche die bisherigen
Kraftfelder der Wirbelsäulen-Energien in besonderer Weise unterstützt. Umfließt und stärkt die Wirbelsäule von oben die Energie der
göttlichen Dreieinigkeit, so kann man ebenso erkennen, dass aus der
Basis der Wirbelsäule die Energie in einer dreigeteilten Form nach
oben strömt. Diese nach oben strömende Dreier-Form wird nun seit
einigen Jahren in besonderem Maße von der Energie des

Bewusst-Seins
des Gebets
und
der Segensbitte

unterstützt. Es bedeutet die aktive Mithilfe aus der geistigen Ebene
und zeigt auf, dass der Mensch, wenn er dazu bereit ist, auf die
Schwingung der neuen Zeit vorbereitet wird. Im weiteren Verlauf
des Buches wird darauf noch näher eingegangen, da diese Schwingung der Liebe äußerst wichtig ist.

Die äußeren Zentren, welche als die eigentlichen Chakras angesehen werden, nehmen Energien auf, die sich wie Wirbel in das Innere verströmen. Gleichzeitig strahlen sie über die Verbindungsfugen Energie nach außen ab. Besitzt ein Chakra sehr viele Unterteilungen, wie etwa im Stirn-Chakra, können große Mengen an Energie umgesetzt werden. Da dieser Energiestrom das Zentrum von der Mitte aus relativ geradlinig nach außen durchzieht, erscheint es, als würde es den Wirbel unterteilen, weshalb wohl die Bezeichnung „Blütenblätter" oder „Lotosblüten" entstanden ist. Tatsächlich sind dies keine Einzelteile oder Einzelblätter, sondern die Energieadern durchziehen die Chakras (Abbildungen IVa-d).

Eine weitere wichtige Veränderung im Aussehen der Chakras lässt sich erst seit einiger Zeit beobachten. Auch wenn die nach Liebe suchenden und strebenden Menschen noch mit Lebenssituationen konfrontiert werden, die sehr schwierig und anstrengend sind, werden ihre Energiezentren gerade deshalb, im Zuge der Reinigung ihres Energiefeldes, mit einem besonderen „Schutzschirm" versorgt. Nur der Mensch, der sich auf die Liebe ausrichtet, wird in den kommenden großen Veränderungen auf diesem Planeten bestehen können. Es bedarf eines bestimmten Maßes an Liebe und Licht, sowohl im Herzen als auch in den Energiekörpern, damit der Mensch sich den neuen Energien dieses Planeten anpassen kann.

Es wäre ein Irrtum, anzunehmen, dass der Mensch mit dem Übergang in das Neue Zeitalter sofort vollkommen würde. Das wäre ein großer Trugschluss. Zwar kann die Entwicklung im erwachten Bewusstsein intensiver und liebevoller fortgesetzt werden, dennoch wird die Entwicklung zur vollkommenen Liebe weitergehen.

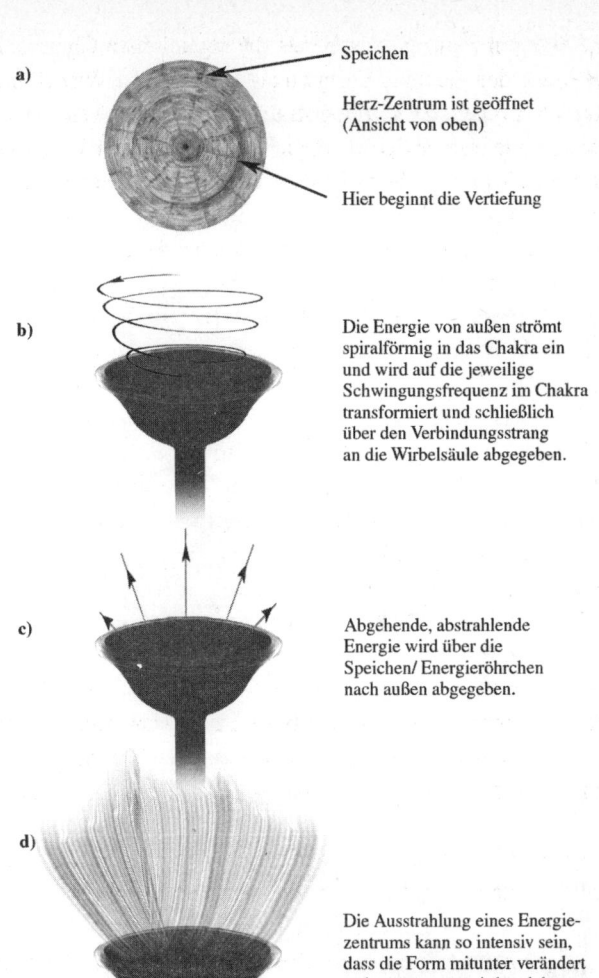

a)

Speichen

Herz-Zentrum ist geöffnet
(Ansicht von oben)

Hier beginnt die Vertiefung

b)

Die Energie von außen strömt
spiralförmig in das Chakra ein
und wird auf die jeweilige
Schwingungsfrequenz im Chakra
transformiert und schließlich
über den Verbindungsstrang
an die Wirbelsäule abgegeben.

c)

Abgehende, abstrahlende
Energie wird über die
Speichen/ Energieröhrchen
nach außen abgegeben.

d)

Die Ausstrahlung eines Energie-
zentrums kann so intensiv sein,
dass die Form mitunter verändert
wahrgenommen wird und das
Chakra deutlich größer erscheint.

Abbildung IVa-d
Die Energiebewegungen eines Chakras sind so mannigfaltig,
dass sie äußerst schwer darstellbar sind.

e)

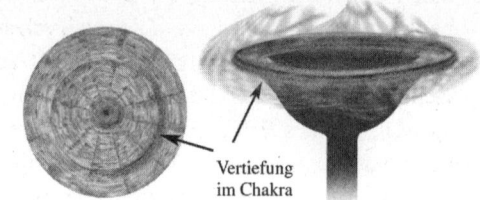

Vertiefung
im Chakra

Der Schutzmantel wird von der geistigen Führung bis zu den intensiven Wandlungstagen aufgebaut, danach wird er sich auflösen. Für die jetzige Zeit ein zusätzlicher mehrdimensionaler Schutzmantel um das Energiezentrum. Der Schutzmantel ist innen geöffnet und schließt sich bei Bedarf.

f)

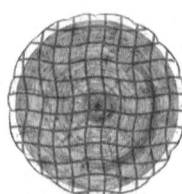 

Die Speichen dieses gesunden Schutznetzes sind wolkenartig (noch feinstofflicher als das Chakra).

Bei Schock oder Fremdbeeinflussung verdichten und verdunkeln sich Speichen so, dass sie undurchlässig werden und nichts mehr hindurchgeht. Der äußere Schutzrand zieht sich zu.

g) Herz-Zentrum

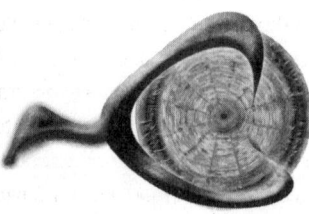

Beispiel der Umklammerung durch eine manipulierende Sekten-Energie:

Alle Funktionen sollen manipuliert werden, bis hin zur Trennung von den eigenen höheren Eingebungen und zur Abspaltung von der Christus-Energie.

In einigen Fällen werden Energiezentren regelrecht deformiert.

Abbildung IV e-g

So kann man bei den Menschen, die sich innerlich auf die verstärkte Liebe der neuen Zeit einrichten, deutlich erkennen, dass sich um ihre Chakras ein zartes energetisches Schutzgewebe bildet. Hauptsächlich der äußere Rand wird wie von einem feinen Netz umschlossen, welches sich nicht in das Zentrum überträgt, sondern den Rand umschließt. Am intensivsten schützt es den äußersten Rand der Energiezentren (Siehe Abb. IVe-g).

Das wie ein zartes Gewebe erscheinende Schutzfeld wirkt weiß strahlend, sehr lichtvoll und es sind goldene Abschnitte darin zu erkennen. Ein Gefühl reinster Liebe durchströmt den Menschen, wenn er sich dieser Hilfe und dieses Schutzes aus der geistigen Welt bewusst werden kann. Mit großer Hingabe widmet sich die geistige Führung den Menschen und begleitet jeden Einzelnen auf seinem Weg in die neue Zeit, wenn er sich ihr zu öffnen vermag. Die silbernen Lichtwirbel und das Schutznetz über den Chakras sind im Energiefeld des Menschen deutlich sichtbare Zeichen dieser liebevollen und aktiven Unterstützung.

Nach meinen Informationen werden noch heftige Energieschwankungen auf dieser Erde entstehen. Alte, verkrustete Strukturen auf diesem Planeten werden sich wandeln, und innerhalb dieser Zeit wird der Mensch auch starken emotionalen und gedanklichen Einflüssen von außen ausgesetzt sein. Das Schutzgewebe, welches sich an der Außenseite der Chakras bildet, kann diesen Schutz aber gewährleisten. Sicherlich wird der Mensch, wie etwa beim Ausbruch eines Feuers in einem großen Saal, noch von starken Emotionen erfasst werden, doch ist er mit einer stabilen Mitte und dem Schutz des Energiefeldes vor zu starken energetischen Einflüssen geschützt und kann auch nach eventuellen Berührungen von dunkler Energie schneller wieder zur Harmonie mit der geistigen Welt zurückfinden. Kein Mensch, der sich auf die Liebe ausrichtet, muss sich in irgendeiner Form vor den Veränderungen auf diesem Planeten fürchten. Für jeden einzelnen Menschen wird gesorgt, für jeden stehen die entsprechenden Hilfen zur Verfügung. Er hat gar nicht vollkommen zu sein. Im Streben nach dem Höchsten, der Liebe zu Gott, seinem Nächsten und zu sich selbst, wird er sicher durch alle Krisen hindurchgeführt werden. Nach der großen Wandlung wird der Mensch paradiesischen Zuständen auf der neuen Erde entgegensehen, bei gleichzeitig geöffneter Verbindung zur geistigen Welt.

Grundsätzlich stehen alle Chakras über die Wirbelsäule miteinander in Verbindung. Die oberen drei Chakras weisen einen ganz speziellen Energiekreislauf auf, der aus der geistigen Welt in besonderem Maße unterstützt wird. Die unteren beiden Energiezentren sind stärker auf die irdische Existenz ausgerichtet, während die mittleren Zentren für Wandlung und Verbindung stehen.

Hat sich ein Energiezentrum geschlossen oder ist es mit eigener oder fremder Energie überlagert, versuchen immer die nahe gelegenen Energiezentren die Funktionen zu übernehmen, um den größten Schäden abzufangen. Diese höhere Ordnung ist mit dem Heilungssystem des Körpers verbunden, welches aus einer höheren Ebene getragen wird. Das Schutzsystem ist wie ein zartes Gitternetz oder eine Schutzmembran innerhalb jedes Energiezentrums zu sehen. Je mehr man diese Systeme ihre Arbeit machen lässt, je mehr der Mensch sich aus seinen selbst geschaffenen Strukturen ablöst, desto freier und intensiver können die inneren Intelligenzen ihre Funktion ausüben. Dies ist ein besonderer Segen für alle Geschöpfe.

Das Wurzel-Chakra

Dieses Chakra ist bei einem stehenden oder sitzenden Menschen mit seiner Öffnung nach unten auf die Erde gerichtet. Es ist das einzige Chakra, welches sich der Erde zuneigt, die weiteren fünf erstrecken sich an der Körpervorderseite und zeigen nach vorne, während sich das Kronen-Chakra nach oben erhebt. Der Verbindungsstrang des Wurzel-Zentrums verbindet sich mit der Wirbelsäule am Steißbein.

In den verschiedenen Energiezentren ist eine große Farbenvielfalt sichtbar, dennoch lassen sich bestimmte Grundfarben darin wahrnehmen. Sie entsprechen den sieben Spektralfarben, ebenso wie das Siebener-Chakra-System auch den sieben Grundtönen zuzuordnen ist.

Das Wurzel-Chakra schwingt vornehmlich in der Farbe Rot. Es kann während einer karmischen Verarbeitung von braunen, schwarzen und grauen Tönen durchsetzt sein, während es nach einer Reinigung und dem wieder freien Fluss der Lebensenergie von vielen verschiedenen Farbströmungen durchzogen werden kann.

Es lassen sich in ihm vier Unterteilungen wahrnehmen, die sich in der Mitte, und somit am tiefsten Punkt des Chakras, in einem Energiekreis treffen, welcher die Größe von etwa einem bis zwei Zentimetern aufweist.

Das Milz-Chakra

Ebenso wie die Lage der Organe im Menschen verschiedentlich etwas variiert, so kann auch die Lage der Chakras im Einzelfall unterschiedlich sein.

Dieses Energie-Zentrum liegt links der Mittellinie des Menschen, links des Bauchnabels, meist über der Milz, da es unmittelbar auf diese einwirkt. Es kann jedoch auch leicht unterhalb der Milz liegen, bedeckt diese dann, von oben betrachtet, jedoch in den meisten Fällen mit seinem Gesamt-Durchmesser. In diesem Chakra sind sechs Unterteilungen sichtbar, die sich in der Mitte des Zentrums vereinen.

Dieses Zentrum ist das einzige, welches mitunter kleiner wahrgenommen wird als die anderen. Hat ein Mensch in einem früheren Leben intensiv daran gearbeitet, jene emotionale und mentale Energie zu unterdrücken, die für die Sexualität eingesetzt wird, etwa im Zölibat oder als buddhistischer Mönch, liegen mitunter Störungen darüber, welche die Größe verändern oder gar seine Existenz völlig zu verhindern suchen. Versorgt das Wurzel-Chakra die körperlichen Organe der Fortpflanzung, wirkt das Milz-Chakra auf das emotionale und mentale Bedürfnis des Menschen nach Sexualität ein.

Im natürlichen Entwicklungs-Verlauf der aufsteigenden Sexualkraft verströmt sich die Energie jedoch ganz automatisch in die oberen Chakras und wird nicht mehr in dem Ausmaß für die Sexualität eingesetzt. Die Energie für die körperliche Vitalität strömt jedoch ungehindert hindurch. Das Chakra ist im Normalfall mit einer Größe von etwa zehn Zentimetern anzusetzen.

Die Öffnung dieses Chakras zeigt zur Körper-Vorderseite, der Verbindungsstrang trifft an der Lendenwirbelsäule in das Rückgrat. Auch hier ist das gesamte Farbenspektrum enthalten, die Hauptfarbe ist jedoch das Orange.

Das Solarplexus-Chakra

Dieses Chakra befindet sich über der Magengegend in der Körpermitte. Da sich der Magen körperlich auch nicht immer direkt zentral unterhalb des Rippenbogens befindet, schwankt auch der Sitz dieses Chakras innerhalb der körperlichen Normen. Achtet man in aufregenden und schwierigen Zeiten jedoch auf diese Region, kann man sehr deutlich wahrnehmen, wo genau diese „Schwere" am Körper anhaftet. Der Druck über dem Magen zeigt genau auf, wo das Solarplexus-Zentrum seinem Sitz hat.

Trotz der Farbenvielfalt kann man diesem Chakra die Farbe Gelb als Grundfarbe zuordnen. In ihm zeigen sich in Zeiten großer Verarbeitung mitunter sehr dichte Energieformen, die sich in den Farben Braun, einem schmutzigen Grün, Dunkelrot sowie Schwarz bis Grau ausdrücken. Manchmal reagiert der Körper mit einer Ablehnung der Annahme dieser Energieströme, da er sie nicht mit seinem derzeitigen Gefühlsniveau vereinbaren kann. Sie werden als Bedrohung wahrgenommen, und es kann sich eine Energiestauung ergeben, die wie Ringe und Einschnürungen aus dunkler Energie um die Körpermitte in der Aura sichtbar werden.

Sobald sich jedoch die Gewissheit durchsetzt, dass es die Aufgabe der jetzigen Persönlichkeit darstellt, die Belastungen, die meist in Vorläufer-Existenzen aufgebaut wurden, nunmehr zu neutralisieren, setzt der Heilstrom von oben aus dem Herz-Chakra ein – und die Auflösung beginnt. Dann strömen goldenes Licht und zarte Pastelltöne zum Solarplexus – und Heilung setzt ein.

Dieses Chakra besitzt zehn Unterteilungen, wobei man die Unterteilungsmerkmale auch als Energiefugen bezeichnen könnte, die sich in der Mitte des Zentrums vereinen. Der Verbindungsstrang zur Wirbelsäule trifft an der unteren Brustwirbelsäule auf

die Energieströme der Wirbelsäule. Sie fließen dann die Wirbelsäule weiter nach oben.

Das Herz-Chakra

Dieses Chakra befindet sich links der Mittellinie über dem Herzen. Bei einem Menschen, der sich mit vielen Bereichen seines Seins der Liebe öffnen konnte, zeigt sich dieses Chakra in einer intensiven Lichtstrahlung. Hier fließt die Christus-Kraft in vollendeter Liebe und unterstützt den Menschen auf seinem Heimweg zu Gott.

Die herrlichsten Farben sind hier im Feinstofflichen zu sehen, so wie sie das körperliche Auge nicht wahrzunehmen vermag; andererseits kann dieses Chakra verzerrt sein und eingetrübt aufgrund der Sorgen, Ängste und Schmerzen, die ein Mensch aufgespeichert hat. Alle Farben sind enthalten, das helle Grün ist jedoch seine Hauptfarbe, als Farbe der Heilung und der Erhaltung des irdischen Lebens. Gefolgt von Gold und dem zarten Rosa höherer Liebe, strömt aus diesem Zentrum die Energie der Wandlung und Annäherung an die göttliche Heimat. Je stärker die Hinwendung zur Liebe im Menschen vorhanden ist, desto mehr ist das helle, zarte Rosa der vollkommenen Liebe zu sehen.

Dieses Chakra enthält zwölf Unterteilungen und wird von vielen hohen Lichtwesen in besonderer Weise gestärkt und unterstützt.

Der Verbindungsstrang zur Wirbelsäule mündet zwischen den Schulterblättern in die Wirbelsäule. Nicht selten kommt es hier zu intensiven Verspannungen und Schmerzen, die körperlich nicht diagnostiziert werden können, vor allem wenn emotionale Verletzungen abgebaut werden oder auch wenn fremde Seelen oder Energiestrukturen den Menschen auf seinem Rückweg behindern wollen. Über diesen Bereich zwischen den Schulterblättern versuchen dunkle Kräfte oder auch negative Gedanken und Emotionen von Mitmenschen immer wieder „anzudocken". Mitunter hat dies starke Auswirkungen auf den Körper, was sich mit heftigen Schmerzen zeigt. Dunkle Energien wissen sehr genau, dass der Mensch über dieses Zentrum intensive Verbindungen in die höheren Ebenen erreichen kann, und bei einer Einflussnahme oder Manipulation wird immer wieder versucht, dieses Zentrum von hinten zu stören und Zugang zu finden.

Das Hals-Chakra

Diesem Chakra kann man neben einer Vielfalt aller Farben als Hauptfarbe das Hellblau zuordnen, wenn auch das Silber in nicht geringen Anteilen darin sichtbar ist.

Man kann sechzehn Unterteilungen in ihm wahrnehmen, über welche in das Umfeld des Menschen sehr viel Energie abgegeben wird. Dann entsteht eine wortlose Kommunikation, die in den Energiebereichen des Gegenübers mitunter sehr viel Veränderung und auch eine Bewusstwerdung auslöst.

Der Eingangspunkt des Verbindungsstranges vom Hals-Zentrum in die Hals-Wirbelsäule ist ein sehr wichtiger Energiebereich. Er kann auch als Rückkehrpforte bezeichnet werden, über die eigene, aber abgespaltene Seelenbereiche zurückkehren können. Diese Rückkehrmöglichkeit möchten sich allerdings auch gerne fremde Einheiten zunutze machen, die dann so lange im Genick sitzen, bis sie in unachtsamen Momenten oder bei Schwäche in den Menschen eindringen können. Manipulationen, beispielsweise Beherrschungsversuche von Mitmenschen oder kollektiven Systemen, krallen sich nicht selten am Halsbereich fest, was dann zu feinstofflich sichtbaren Verdunkelungen in diesem Bereich führt und mit der Zeit auch zu starken Verspannungen im Hals und Schulterbereich.

Dann sind schwarz-braune Krallen oder Einschnürungen sichtbar, manchmal auch Pfeile oder Blitze, die ihr dunkles Programm in dem anvisierten Menschen abzusetzen versuchen.

Doch auch hier ist eine golden-silberne Schutzenergie wahrnehmbar, welche den Menschen schützt und mit viel Hinwendung und Liebe das Dunkle abwehrt. Ist es allerdings aufgrund karmischer Verarbeitungen für den Menschen notwendig, sich mit diesen Energien auseinanderzusetzen, werden sie von der geistigen Führung zugelassen, damit der Mensch erkennen und sich in Liebe endgültig befreien kann.

Das Stirn-Chakra

Die Unterteilungen in diesem Chakra können, aus meiner Wahrnehmung heraus, während der Rotation des Chakras bei einem gesunden Menschen nicht gezählt werden. Deshalb wird die Anzahl der Unterteilungen angegeben, wie sie in der Literatur zu lesen ist. Es werden hier sechsundneunzig Unterteilungen genannt, was deutlich macht, in welch hohem Schwingungszustand sich dieses Energie-Zentrum befindet. Es kann stärkste Energien wahrnehmen und hat eine sehr komplexes und vielschichtiges Aufgabenfeld.

Leider findet man hier auch viele Blockierungen aus alten Zeiten, in denen noch magisch versucht wurde, die geistige Wahrnehmung zu erhöhen oder sie jemandem zu nehmen. Aus dem alten Atlantis, aus Ägypten oder aus dem Mittelalter sind hier die meisten magischen Blockierungen zu erkennen. Dann lagern dunkle Klammern oder intensive dunkle Energiegebilde darüber, manchmal aus tiefstem Schwarz, welche es dem Menschen erschweren, zu einer spirituellen Wahrnehmung zu gelangen.

Diesem Chakra kann man als Hauptfarbe das Indigoblau zusprechen, da diese Farbe hier verstärkt wahrnehmbar ist. Das Chakra befindet sich über der Nasenwurzel, zwischen den Augenbrauen, manchmal auch ein wenig darüber, je nachdem wo sich der Augenbrauen-Haaransatz befindet. Sein Verbindungsstrang zur Wirbelsäule mündet in die obere Halswirbelsäule ein.

Das Kronen-Chakra

Dieses Chakra zeigt mit seiner Öffnung nach oben und deutet somit bereits auf seine Bestimmung hin. Es kann mit den höheren Kräften in solcher Intensität verbunden sein, dass dieses Chakra mit einem Unfang von bis zu zwanzig Zentimetern und mehr über dem Schädeldach schwingt. Laut Literatur besitzt es annähernd tausend Unterteilungen. Dieses Chakra strahlt bei einem durchlichteten Menschen in allen Farben und großer Leuchtkraft, jedoch drückt das Violett, als Zeichen seiner Verbindung zu Gott, tiefste Religiosität aus. Goldene und silberne Farben sind wahrnehmbar, die sich strahlend mit den anderen Farben verbinden. Es erfolgt jedoch keine Farbvermischung, sondern jede einzelne Farbe ist immer getrennt wahrnehmbar. Sie drücken klare Energien aus und strahlen in großer Pracht.

Innerhalb dieses Energie-Zentrums erscheint es so, als wäre das Herz-Zentrum noch einmal in seinem Inneren enthalten. Das macht deutlich, von welcher Wichtigkeit das Herz-Zentrum für die Höherentwicklung des Menschen ist. Die Christus-Energie ist der Heimweg, und nur über die Christus-Energie kann der Mensch den Weg in die geistige Welt erreichen. Der Verbindungsstrang mündet in den Atlaswirbel, den obersten Halswirbel.

Die Auren und die Chakras

Nun erscheint die Lage, Form und Farbe der Chakras etwas klarer, jedoch sind die Energiestrukturen außerordentlich vielschichtig. Sie durchdringen gleichzeitig mehrere feinstoffliche Ebenen und sind sehr schwierig darzustellen.

In jeder Aura des Menschen sind die jeweiligen Energiezentren in der entsprechenden Dichte und Form enthalten. Wenn wir kurz die Auren des Menschen beleuchten, wird deutlich, welchen Umfang die Energieformen annehmen.

Der materielle Körper ist der für das menschliche Auge sichtbare Bereich, der sehr eng mit dem Ätherkörper verbunden ist. Dieser ist zwar feinstofflich, wird jedoch noch dem materiellen Körper zugeordnet. Der Ätherkörper nimmt die gleiche Größe ein wie der materielle Körper. Der Ätherkörper weist eine Aura, also Energieausstrahlung, auf, die sich inzwischen bis zu fünf Zentimetern über den materiellen Körper hinaus erstreckt. Innerhalb dieser Ausstrahlung kann man die Chakras wahrnehmen, die in der gleichen Dichte schwingen wie der Ätherkörper. Weisen die Chakras im aktiven Zustand selber eine intensive Aura auf, kann deren Ausstrahlung über die Äther-Aura hinausreichen.

Der nächst feinere Körper ist der Astralkörper. Dieser hat ebenfalls die gleiche Größe wie der materielle Körper, wird jedoch von einer Ausstrahlung umgeben, die sich bis zu anderthalb Metern über den Körper erstrecken kann. Der Astralkörper ist nochmals von sieben Feinunterteilungen durchzogen, in denen die Chakras ebenfalls durchgehend sichtbar sind, in der gleichen Dichte wie der jeweilige Astral- also Emotionalbereich.

Der nächste Körper ist der Mentalbereich, seine Ausstrahlung kann bei einem entwickelten Menschen bis zu drei Metern erreichen. Auch in ihm sind die Chakras in der jeweiligen Dichte an den gleichen Stellen wahrnehmbar, wie sie auch in der Äther- oder Astralebene sichtbar sind.

Dann folgt der Kausalbereich, der in seiner Schwingung an die höchsten Ebenen angeschlossen ist. Hier leuchten nur noch feinste Pastelltöne, die dennoch kräftig erscheinen, mit Gold und Silber in den höheren Chakras. Die unteren Energiezentren sind kaum noch sichtbar, da die Verbindungen in die materiellen Ebenen schwächer werden und somit keine Übertragung und kein Aufstieg irdischer Energien mehr notwendig ist.

Dann folgt die sogenannte Barriere des Lichtes, hinter der sich die Weiterentwicklung im Lichtkörper vollzieht. Dies sind Ebenen reiner Energie, die frei sind von den Schöpfungen und Notwendigkeiten der Materie. Zudem können keine mit Emotionen und Gedanken geprägten Energien von Menschen mehr in diese lichten Ebenen gelangen.

Es wird deutlich, dass die Schwingungsdichten der Energiezentren ein großes Ausmaß erreichen. Ihre Aufgaben sind im Ätherbereich die Versorgung der materiellen Ebenen, in den astralen Bereichen hängen sie mit den Emotionen zusammen, in den mentalen Bereichen mit den gedanklichen Energieströmen und in den höheren Körpern dienen sie dem weiteren Weg zur Vollendung.

Nachstehend werden die Chakras der Einfachheit halber als gewisse Einheit betrachtet, wenngleich sie in vielen Schichten und Bereichen der feinstofflichen Ebenen wirksam sind. Sie schwingen in mehreren Schichten zugleich und können mitunter eine starke Aura aufweisen, was den Anschein erwecken kann, dass die Chakras viel größer sind.

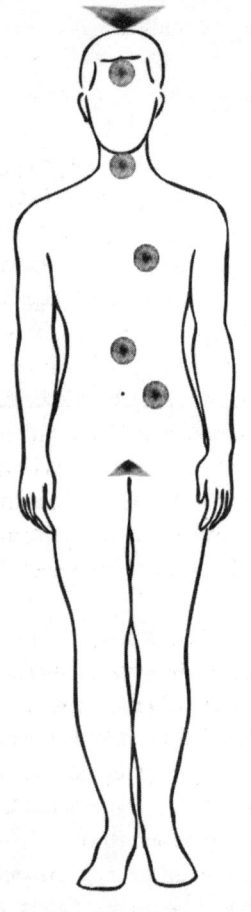

Scheitel-Chakra: ca. tausend Unterteilunger

Stirn-Chakra: sechsundneunzig
                Unterteilungen

Hals-Chakra: Sechzehn Unterteilungen

Herz-Chakra: Zwölf Unterteilungen

Solarplexus-Chakra: Zehn Unterteilungen

Milz-Chakra: Sechs Unterteilungen

Wurzel-Chakra: Vier Unterteilungen

Abb. V

III. DIE HAUPT-CHAKRAS

Fehlfunktionen und Kreativkräfte

In diesem Kapitel werden die Aktivitäten und Zuordnungen der einzelnen Energiezentren erläutert, sowohl von der körperlichen Ebene, bei der es durch Blockierungen, Anhaftungen und Störungen zu Erkrankungen in den jeweiligen Bereichen kommt, als auch im emotionalen Bereich und in der mentalen Ebene, wo Blockierungen ebenfalls zu Unterbrechungen im Energiefluss führen können. Es haben nicht alle Krankheiten mit einer Störung des jeweiligen Energiezentrums zu tun, doch können Einwirkungen von außen, wie etwa die dauernde Belastung durch Chemikalien in der Umwelt, mit der Zeit auch zu Störungen in den Chakras führen, die sich dann auf die emotionalen Bereiche auswirken. Nachfolgend werden die Arbeitsweise und die jeweiligen Auswirkungen, sowie einige Störungen, welche die Funktionen und den freien Fluss der Energien blockieren, untersucht.

Es ist sehr wichtig, sich immer wieder bewusst zu machen, dass jene Störungen, die den freien Fluss der Energiezentren blockieren, vom Menschen selbst erschaffen wurden oder von Anhaftungen verursacht werden, die er sich auf dem Wege der Erkenntnis und des Erwachens des Bewusstseins zugezogen hat. Die Kraft und Liebe Gottes ist in jedem Augenblick vorhanden. Es liegt am Menschen selbst, sich wieder mit seiner Ur-Energie zu verbinden. Sobald die verkrusteten alten Energiestrukturen aufgelöst werden, kann der freie Strom göttlicher Energien zu wirken beginnen. Es bedeutet somit das Zurücktreten und Auflösen der vom Menschen erschaffenen und geprägten Energiestrukturen. Dann kann über die Energiezentren der innere Reichtum an Liebe und Licht wieder in die Außenwelt abgestrahlt werden und man wird als Diener der Liebe tätig. So kann ein einzelner Mensch eine ganze Gemeinschaft zum Strahlen bringen, wie im umgekehrten Fall auch ein einzelner Mensch die Stimmung und Energie einer Gruppe ins Negative ziehen kann.

Die unerlösten Bereiche müssen gewissermaßen den „Ego-Tod" erleiden, damit die ursprüngliche höchste Energie wieder darin fließen kann. Man könnte auch sagen, dass im Grunde immer eine Auflösung der menschlichen „Fehlschöpfungen" erfolgen muss. Die Verbindung zu Gott ist bereits vorhanden, sie wurde nur überlagert durch emotionale und gedankliche Aufbauten, teils selbst erschaffen, teils durch Verbindungen zu größeren Energiefeldern. Daher ist es erforderlich, ein vollständiges Loslassen eigener Strukturen herbeizuführen, um von den Wirrungen des Fühlens und Denkens frei zu werden. Erst dann werden die Lichtenergien und die Liebe Gottes wieder ihren ursprünglichen Platz darin einnehmen. Im Grunde ist es ganz einfach: Nach der Bewusstwerdung muss man loslassen, Vertrauen haben, sich dem Höchsten übergeben, Liebe empfinden und dankbar sein. Das sind die Grundpfeiler der persönlichen Befreiung.

Die Hauptaufgabe in der Ent-Wicklung des Menschen vollzieht sich in den emotionalen und mentalen Ebenen, also durch den astralen und mentalen Körper. Hier ist die eigentliche Aufgabe zu sehen. Es geht um das „Leeren des Gefäßes", damit die Gottesliebe wieder fließen kann. Daneben entwickelt sich gleichzeitig der Lichtkörper des Menschen, den nichts Negatives erreichen kann. Er wird gebildet aus der Liebe des Menschen, wobei man korrekter sagen müsste, dass der Mensch wieder in die ursprüngliche Ordnung und Energieversorgung zurückkehrt – in die Liebe Gottes. Dies ist ein **Zustand**. Liebe kann vom Menschen nicht gemacht werden, sie „ist", genauso wie Vergebung oder Gnade aus den höchsten Ebenen fließt. Es sind Seins-Zustände, die über das bewusste Rückkehr-Streben des Menschen in seine göttliche Heimat erreicht werden können. Deshalb kann Bewusst-Sein nicht durch das Wollen des Verstandes oder gar durch Bestrebungen des Egos erreicht werden. Nur wenn das aufrichtige Sehnen mit einem freien Fluss höchster Liebe einhergeht, werden die inneren Tore geöffnet. Auch die geistige Führung unternimmt dann alles, um den strebenden Menschen zu unterstützen. Gnade, Liebe, Vergebung und andere Segnungen können nur empfangen werden. Sie können weder gewollt noch mit Übungen herbeizitiert werden. Sie sind Geschenke aus der göttlichen Welt, mit denen der Heimkehrende wahrhaft gesegnet wird.

Ent-Wicklung ist die Befreiung von den Wirren und Ver-Wicklungen der vom Menschen aufgebauten Welt, von ihren Altlasten, Zwangsmustern und Vorstellungen. Dies alles sind intensiv geprägte Energien, die den freien Fluss der göttlichen Schöpfungskraft behindern. Der Mensch muss lernen, diese Prägungen aufzulösen, damit er frei wird und die Liebe Gottes wieder strömen kann.

Es ist nicht leicht für das Ego, seine ihm bislang Energie zutragenden Strukturen zu verändern, denn es definierte sich darüber. Sie gaben ihm Halt in der Welt, wenn es glaubte, nicht geliebt und gehalten zu werden. Sie vermittelten ihm das Gefühl, etwas wert zu sein und etwas darzustellen, was es nun loszulassen gilt. Doch mit der Liebe, die der Mensch in sich trägt und mit dem Sehnen, sich wieder an den göttlichen Ur-Strom anzuschließen, können alle Ego-Strukturen aufgelöst werden.

Die Arbeit mit den Chakras kann dazu einen großen Beitrag leisten. Zuerst in der Erkenntnisgewinnung und dann in der bewussten Hingabe an den Heilungsstrom, der das Loslassen und die Rückkehr in den Gotteswillen unterstützt.

Die Befreiung der Energiezentren sowie der aurischen Schwingungsfelder bewirkt dann ganz automatisch den stärkeren Schutz des Menschen. Dieser behütet ihn vor emotionalen und mentalen Angriffen, da er keine Resonanz mehr in sich trägt.

Die Silberwirbel

Diese beiden Energiezentren stellen eine Besonderheit der heutigen Zeit dar. Sie sind ein Geschenk der geistigen Führung und unterstützen in wundervoller Weise den bevorstehenden Entwicklungsschritt hin zu einer feineren Energiestruktur. Sie sind direkt mit der Christus-Energie verbunden und werden somit von der höchsten Liebe getragen.

Was bedeutet die „Christus-Energie" im Detail? Jesus, dieser von Gott geführte, lichtvolle Mensch, der vor zweitausend Jahren das Tor geöffnet hat, durch welches die Seelen wieder nach Hause in die geistige Welt zurückkehren können, wurde von der göttlichen Energie vollkommen durchdrungen. Auch er rang in seiner Persönlichkeits-Entwicklung auf Erden noch mit den letzten Resten seines Menschseins und mit den dunklen Kräften; doch hat er in entscheidendem Maße den Weg für die Menschen bereitet, auf dem die Heimkehr in die Liebe Gottes stattfinden kann. Ebenso wandelte er große Bereiche alter Karma-Energien um. Im westlichen und christlichen Sprachgebrauch wird für diese Kraft Gottes das Wort Christus-Energie genutzt, doch steht diese hohe Gottes-Kraft allen Menschen gleichermaßen zur Verfügung, wie auch immer sie in den jeweiligen Kulturen oder Sprachen benannt werden mag. Es ist die zur Erde gekommene Gottes-Kraft, die in allen Menschen gleichermaßen wirksam werden soll, um den Weg zurück zu Gott freizulegen. Diese Kraft möchte durch alle Menschen fließen und zeigt in ihrer Liebeskraft auf, wie der Mensch erhöht und durchlichtet werden kann. Der Weg führt über die Aufgabe des Eigenwillens, hin zur Vollkommenheit des göttlichen Willens. Der Mensch ist ein Teil der göttlichen Schöpfung – und somit sollte der Gotteswille auch der unsere sein.

Die beiden angesprochenen Silberwirbel wirken wie Transformatoren. Sie funktionieren nach ihren eigenen Regeln und können nicht beeinflusst werden. Über ihnen ist nichts Belastendes zu sehen. Sie leuchten immer klar und rein und übermitteln ein Gefühl tiefer Liebe.

Sobald der Mensch in seinem Streben nach Ent-Wicklung eine karmische Blockierung bearbeitet oder sich von alten Mustern oder Glaubensvorstellungen löst, wird vermittels jener Energie, welche über das Herz-Zentrum strömt, ein Teil dieser alten Belastungen verarbeitet, während der andere Teil gemäß einer inneren Gesetzmäßigkeit über diese Wirbel nach innen gesogen und sofort in Licht verwandelt wird. Es verbleibt nie etwas Dunkles darüber oder darinnen. Dies ist ein besonderes Gnadengeschenk für die Zeit der großen Wandlung und sollte vom Menschen mit großer Dankbarkeit angenommen werden.

Belastungen oder Schädigungen des menschlichen Energiesystems können über diese beiden leuchtenden Silberwirbel nicht entstehen. Kein Karma ist vorhanden, keine Fehlfunktion, denn sie sind dem göttlichen Willen unterstellt und existieren und wirken nach höheren Regeln.

Manchmal kann es jedoch vorkommen, dass die Körperzellen sich zuerst an die hohen Energieströme anpassen müssen. Dann kommt es mitunter, vor allem am Herz-Wirbel, zu einem Druck- und Schmerzgefühl. Doch dies geht wieder vorüber, sobald sich die Körperzellen an die Energie angepasst haben. Auch die Bewegungen im unteren der beiden Silberwirbel können teilweise wahrgenommen werden.

Beide Zentren wirken durch ihre Transformationskraft auf alle Ebenen ein, da die Verarbeitungen die emotionalen und gedanklichen Bereiche berühren, die sich wiederum bei Belastungen im Organismus als Krankheit auswirken. Somit haben diese beiden besonderen Zentren Einfluss auf das gesamte Sein des Menschen, auf Körper, Seele und Geist. Sie sind allumfassend und können von allen Ebenen Blockierungen und Energie aufnehmen und umwandeln.

Das Hara-Zentrum

Dieses Zentrum erweist sich gerade zurzeit als wichtiges Zentrum für die spirituelle Reinigung und Entwicklung. Es ist entscheidend wirksam

• für die Harmonie der Körperenergie

• für die Harmonisierung der Aura-Schichten und deren Schutzfunktionen

• für das innere Gleichgewicht

• für die Harmonisierung von männlich und weiblich

• als Austauschorgan zwischen den feinstofflichen Welten und der materiellen Ebene

• als Energieportal für die Versorgung bestimmter feinstofflicher Energien

Über das Hara-Zentrum ist der Mensch mit allen Ebenen der weltlichen, von Menschen geprägten, kollektiven Felder verbunden. Je stärker sein eigenes Mitwirken, meist in früheren Inkarnationen, an diesen alten Energiefeldern war, oder je intensiver sein Glaube an deren „Wahrheit" ist, umso stärker ist auch der Einfluss dieser Energieverbindungen. Dadurch können sie zu massiven Blockierungen führen.

Auch Schocks setzen sich vorzugsweise um den Bauchnabel, innerhalb des Hara-Zentrums, fest. Dies können Todesschocks aus früheren Leben sein oder auch traumatische Erlebnisse, die sich in das Erfahrungsfeld des Menschen eingeprägt haben. Auch sogenannte miterlebte Schocks können sich als Trauma-Verzerrungen im Hara-Zentrum festsetzen. Man weiß heute aus der Zellforschung des Gehirns, dass beispielsweise bei Vergewaltigung, Folter oder Totschlag, auch wenn sie nicht am eigenen Leib erfahren wurden, sondern nur miterlebt, genau die gleichen Prägungen entstehen und sich Schockspeicherungen durch bestimmte Zellaktivierungen im Gehirn ergeben. Solche Blockierungen lassen sich tatsächlich durch Ertasten der Zone um den Nabel herum erfühlen. Sie zeigt sich verkrampft, schmerzhaft, druckempfindlich und löst durch ihre enge Verbindung in das Solarplexus-Zentrum mitunter sofort ein unangenehmes Gefühl aus.

Da der Mensch mit allem Sein auf diesem Planeten verbunden ist, wirkt auch alles Sein auf den Menschen ein; nicht nur Gottes Schöpfung, sondern auch all die unangenehmen Schöpfungen des Menschen, die bindend und Energie fordernd in der jetzigen Zeit um ihr Überleben kämpfen. Gerät eines der großen Felder auf diesem Planeten in Schwingung, wird immer auch in bestimmter Weise das Hara-Zentrum davon berührt.

Brechen beispielsweise ganze Staatssysteme zusammen, bricht auch die Verbindung zu den Bürgern und Angehörigen dieses Staates zusammen. Sie erhalten dadurch die Möglichkeit, sich von alten bindenden Strukturen zu lösen. Dies entspricht der Befreiung des Menschen und sollte als Chance betrachtet werden. Es kann jedoch auch sein, dass Menschen, die das alte System nicht loslassen können, einen Teil davon in ihr Hara aufnehmen, wo es dann „am Leben" erhalten wird. Das System möchte sich in der Folge wieder ausbreiten und wird versuchen, seinen Wirt zu benutzen, um sich erneut zu entfalten. Das System selbst übt dann seine Macht aus und manipuliert seinen Träger. Leider können manche Menschen die alten Systeme nicht loslassen, da sie ihnen auch Halt und Orientierung gegeben haben und sie selbst noch nicht stark genug sind, um sich ohne Halt von außen, nur durch die Führung im Inneren, über die Intuition und die geistige Verbindung leiten zu lassen. Doch gerade dies ist der Pfad. Nur so kann der Mensch den Weg in die neue Zeit finden, indem er sich freimacht von alten, bindenden Vorstellungen und sich wieder auf die Freiheit des Geistes besinnt.

Häufig sieht man auch, wie sich Energiegebilde, welche den Mensch einengen und manipulieren möchten, über das Hara-Zentrum hängen und dort einzudringen versuchen. Meist hat der betreffende Mensch karmisch mit diesen Feldern zu tun und kann sich deshalb nicht ihrem Zugriff entziehen. Doch liegt darin zugleich die Möglichkeit, sich endgültig davon zu lösen und eine Befreiung zu erreichen.

Es ist wichtig, sich immer wieder bewusst zu machen, dass der Mensch in keine Verarbeitungssituation geführt wird, die nicht in irgendeiner Weise wichtig und richtig für ihn ist. In der heutigen Zeit ist vor allem die Karma-Aufarbeitung gefordert, die in besonderem Maße von der geistigen Welt unterstützt wird.

Nichts geschieht zufällig oder aus Versehen. Ist das Geschehen nicht karmischer Natur oder dient nicht der Entwicklung der höheren Tugenden, ist es vermutlich die energetische Reaktion auf eine Tätigkeit des Menschen, auf eine Besetzung nach Drogenkonsum, auf Anhaftung nach bösartigen Attacken auf Mitmenschen oder auf die energetische Trennung von der Ur-Kraft durch stetes Ur-Teilen des Menschen über andere.

Gerät das Hara-Zentrum aus dem Gleichgewicht, ist blockiert oder besetzt, ergeben sich vor allem auf körperlicher Ebene Verdauungsstörungen, Unterleibskrämpfe und mitunter Entzündungen, die sich auch auf die Geschlechtsorgane ausweiten können. Da es in enger Verbindung zum Emotional-Zentrum, dem Solarplexus, steht, kann es auch auf den Magen wirken und dort Übersäuerung und Übelkeit verursachen. Die Verdauungsdrüsen, Bauchspeicheldrüse, Leber und Galle sind bei starken Belastungen ebenfalls beteiligt.

Im emotionalen Bereich verursacht eine Störung das Gefühl inneren Ungleichgewichtes, einen steten Druck, etwas vergessen zu haben, sowie das Gefühl, nicht geliebt zu werden und wertlos zu sein. Ist dieses Zentrum sogar geschädigt, dringen fremde Emotionen ein und wandern sofort hinauf zum Solarplexus, wo sie wie eine eigene Emotion wahrgenommen werden. Auch ein Gefühl der Heimatlosigkeit tritt häufig ein, wenn das Hara-Zentrum gestört oder blockiert ist.

So kann ein Austritt aus einer Glaubensgemeinschaft zur Folge haben, dass sich der Mensch plötzlich haltlos und ohne Werte-Orientierung sieht. Er fühlt sich ausgestoßen und verlassen, bis sich nicht nur die äußeren, sondern auch die inneren Bindungen an die Gemeinschaft gelöst haben. Dann wird er wieder von den inneren Kraftquellen getragen.

Im mentalen Bereich können starke Energieschübe, die das Hara-Zentrum treffen, sogar zu einer geistigen Verwirrung führen, da der gedankliche Inhalt von belastendem und blockierendem Material ungefiltert nach oben dringt und die Wahrnehmung und Klarheit trübt. Dann verliert man mitunter den Überblick über die Dinge, die man selbst wahrnimmt, sowie über die Einflüsterungen, die fremde Energien hineinzwängen. Die Intuition wird gestört, und man hat das intensive Gefühl, nicht mehr von der Liebe getragen zu werden.

Über dem Hara-Zentrum befinden sich manchmal seltsame Energiegebilde, die den Inhalt tragen, sich von der irdischen Ebene abzulösen und sich nur noch in den spirituellen Ebenen aufzuhalten. Sie versuchen, abstruse spirituelle Erlebnisse zu erreichen und glauben, dadurch dem Höheren näher zu sein. Doch dies ist ein großer Irrtum. Ein spirituelles Erlebnis ist noch lange kein Zeichen für einen fortgeschrittenen Menschen. Durch die Forderungen des Menschen, Fortschritt zu *wollen*, wird genau dies eher behindert. Es kommt überhaupt nicht darauf an, irgendwelche spirituellen Sensationen zu erleben. Das führt den Menschen eher weg von seinem Weg, als dass es ihm dienlich ist. Wahrer Fortschritt zeigt sich durch vermehrte Liebe im Leben eines Menschen, durch sein Handeln, sein Fühlen, durch Demut und Nächstenliebe. Dies sind die wahren Zeichen, und sie zeigen sich im wachen Bewusstsein und in der offenen Begegnung mit dem Leben im Hier und Jetzt.

In ganz besonderer Weise ist der Mensch über dieses Zentrum mit der planetarischen Energietransformation verbunden. Energieverschiebungen und Auflösungen kollektiver Felder werden registriert, und nicht selten wirkt der Mensch an der Transformation, entsprechend seinen Möglichkeiten, mit. Vor allem in der Nacht werden die Menschen häufig von Engeln abgeholt, und in gemeinsamer liebevoller Unterstützung werden große Felder verarbeitet. Dies geschieht ausschließlich nach dem Willen der geistigen Führung und mit der inneren Zustimmung der Seelen. Es kann nicht vom Willen eingeleitet und forciert werden. Könnte der Wille des Menschen hier einwirken, wäre der Prozess nutzlos, da ja gerade die Aufbauten des Willens die Blockaden darstellen.

Leider geht eine solche wundervolle Mithilfe sehr oft mit persönlichem Stress einher. Der Mensch ist oft unausgeschlafen und völlig erschöpft, denn er muss sich manchmal zuerst von der Nacht erholen, was den Tagesablauf stark beeinträchtigen kann.

Auch mit seinen Mitmenschen, mit den Tieren, den Pflanzen und dem Mineralreich ist der Mensch mittels Energieströmen über dieses Zentrum verbunden. Zusätzlich gibt es zahlreiche Geschöpfe in den feinstofflichen Bereichen um die Erde, mit denen der Mensch ebenfalls verbunden ist. Da sich zurzeit in all diesen Bereichen Wandlungen und Transformationen vollziehen, lässt sich erahnen, in welchem Maße dieses Zentrum beeinflusst oder sogar belastet werden kann. Doch in diesen Vorgängen wirken Kräfte und Liebesströme, die dem Menschen Halt geben und ihn unterstützen, wo immer er es zulassen kann.

Im nächsten Kapitel werden Übungen, Meditationen und Gebete aufgezeigt, welche diese Wandlung und Heilung unterstützen können.

Bevor die einzelnen Aspekte der sieben Haupt-Chakras betrachtet werden, können die nachfolgenden Abbildungen einen weiteren Überblick verschaffen. Sie zeigen die Zuordnung von Chakras und körperlichen Organen beziehungsweise Körperteilen auf.

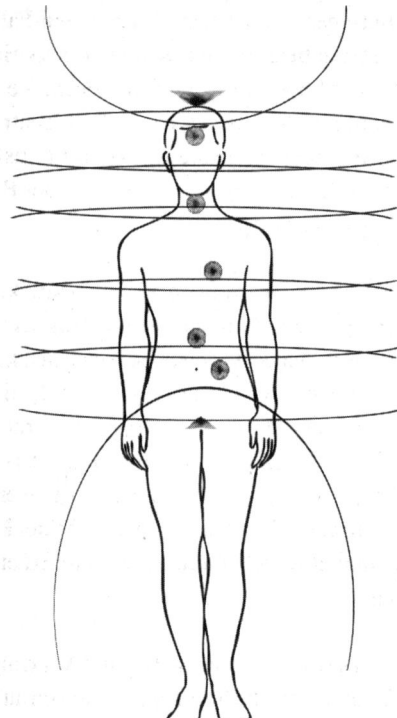

Körperliche Zuordnungen
der Energiezentren.

Die Darstellung muss
jedoch immer als
Einheit betrachtet
werden, da das über-
geordnete Ganzkörper-
system, wie Lymphe,
Blutkreislauf und
Abwehrsystem, von
jedem einzelnen
Zentrum mehr oder
weniger benutzt wird.

Abbildung VI a

Die Abbildungen VI a, b, c und d zeigen auf, welche körperlichen Bereiche bei einer Krankheit von den Energiezentren abgedeckt werden. Jedoch ist bei den meisten körperlichen Beschwerden, die in der Regel nichts anderes sind als der Ausdruck einer emotionalen oder gedanklichen Ursache, in den meisten Fällen immer auch das Herz-Zentrum beteiligt, da es die Christus-Heilenergie übermittelt, sowie der Solarplexus, da Emotionen, die zur Verarbeitung anstehen, immer über dieses Emotional-Zentrum aufgenommen werden, bevor sie von der Christus-Kraft transformiert werden. Auch sind sehr oft Systeme wie Lymphe oder Blutkreislauf belastet, die den ganzen Körper betreffen.

Das Entstehen eines intensiven Verlangens nach Besitz kann vom Basis-Chakra aus energetisch mit allen oberen Chakras korrespondieren. Es weckt weitere unausgerichtete Bereiche und kann sogar die klare Wahrnehmung des Stirn-Chakras beeinträchtigen und die Sinne trüben. Auch beim Verliebtsein trifft man diesen Zustand häufig an. Die Vorstellung von der Erfüllung aller Bedürfnisse und Wünsche lassen das Gegenüber nicht in der Energie erscheinen, in der es sich tatsächlich befindet. Illusionsbilder können sich vor die Wahrnehmung schieben und eine klare Erkenntnis vollständig blockieren.

Ein Schließen der Chakras sowie Verzerrungen und Verkrampfungen werden auch durch energetische Situationen, die von außen die Zentren beeinflussen, ausgelöst. Da die Energiezentren in intensiver Verbindung zum Nervensystem stehen und dieses im Normalfall mit guter Energie versorgen, kann es geschehen, dass bei großer nervlicher Belastung des Menschen negative und blockierende Energien rückwirkend von innen zu den Chakras fließen.

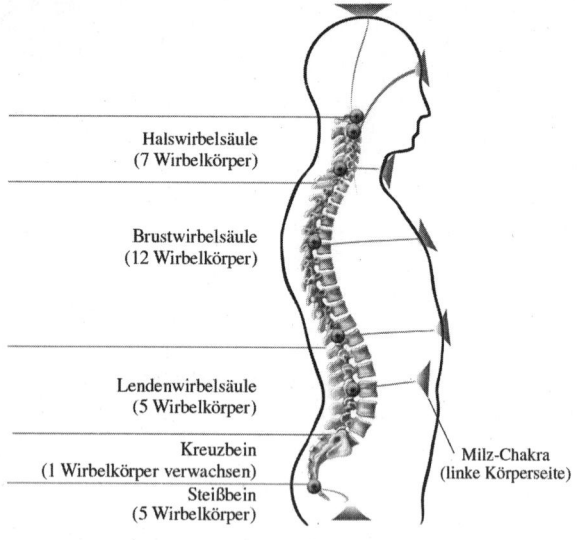

Halswirbelsäule
(7 Wirbelkörper)

Brustwirbelsäule
(12 Wirbelkörper)

Lendenwirbelsäule
(5 Wirbelkörper)

Kreuzbein
(1 Wirbelkörper verwachsen)

Steißbein
(5 Wirbelkörper)

Milz-Chakra
(linke Körperseite)

Die Hauptenergiezentren versorgen:
- Zentralnervensystem (Gehirn und Rückenmark)
- Peripheres Nervensystem (12 Hirn- und 31 Spiralnerven)

darunter fällt:
- Willkürliches Nervensystem (animal)
- Unwillkürliches Nervensystem (autonom, vegetativ)
  (Sympathikus - Parasympathikus)

Abb. VIb

72

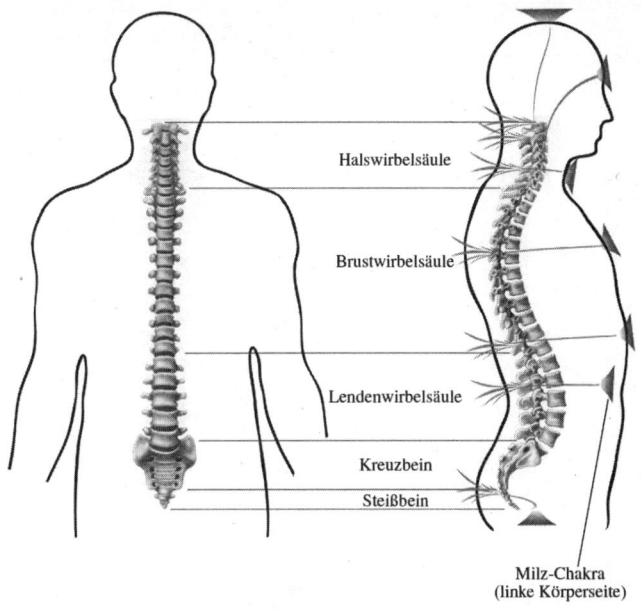

Halswirbelsäule

Brustwirbelsäule

Lendenwirbelsäule

Kreuzbein

Steißbein

Milz-Chakra
(linke Körperseite)

Das Auftreffen der Energien, ausgehend von den äußeren Chakras,
auf die Wirbelsäule ist als Energiekonzentration ebenfalls im
Feinstofflichen sichtbar.

Abb. VIc

73

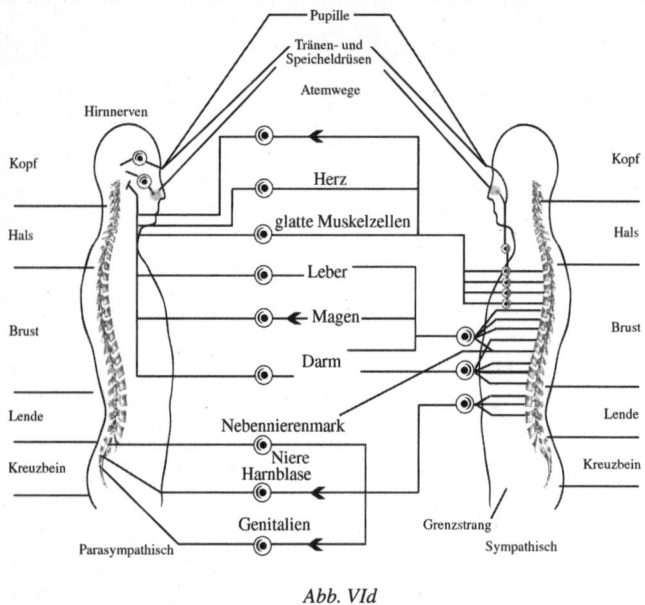

Abb. VId

Die vorhergehend skizzierten sieben Haupt-Energiezentren werden nachfolgend zuerst in ihren kreativen Funktionen behandelt, als nächstes deren eventuelle Fehlfunktionen anhand von Beispielen beleuchtet und dann die Aufgaben in der energetischen Veränderung der Erde sowie die Funktionen und Erweiterungen, welche den neuen, liebevollen Menschen in einer neuen Welt ausmachen, betrachtet.

74

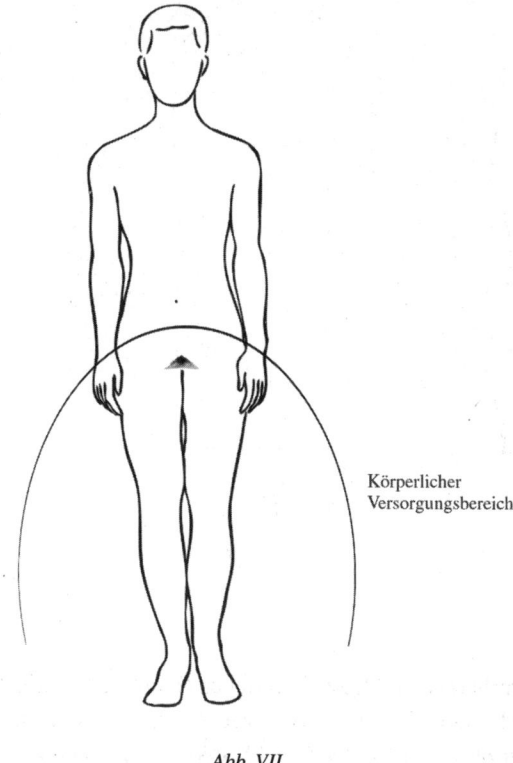

Körperlicher
Versorgungsbereich

Abb. VII

Einige der aufgezeigten Zuordnungen stehen auf allen Ebenen energetisch miteinander in Verbindung, werden jedoch zum besseren Verständnis hier getrennt aufgezeigt. Es gibt kaum ein emotionales Problem, welches nicht in irgendeiner Weise mit Gedanken verbunden ist, so wie auch die meisten Gedankenformen mit Emotionen verbunden sind. Deshalb kann eine Fehlausrichtung oder eine Blockierung über ein Gefühl aktiviert werden oder über ein Wort, welches das Gegenüber ausspricht. So kann ein aktivierter Gedanke beim Blick auf die Uhr, warum der Partner immer noch nicht zu Hause ist, die Emotion der Eifersucht auslösen. Ebenso kann ein sich auf ein Buffet stürzender Mitmensch, der sich gerade in der Emotion der Gier befindet, im Gegenüber die gleiche Empfindung auslösen und den Gedanken aktivieren: „Jetzt muss ich mir aber schnell meinen Teil holen."

Die wichtigsten Zuordnungen für das Wurzel-Chakra sind:

Auf körperlicher Ebene:

• Die Fortpflanzungsorgane bezüglich ihrer körperlichen Funktionen

• Das weibliche und männliche Drüsensystem der Geschlechtsorgane – Hoden und Eierstöcke

• Bereiche des Dickdarms sowie Enddarm und Ausgang

• Die energetische und körperliche Versorgung der Beine und Füße

• Das Knochensystem, Zähne und Nägel

• Das Steißbeinnervenpaar sowie Bereiche der Kreuzbeinnerven

• Krankheiten der Beckenorgane einstellen

• Die körperliche Sexualkraft kann beeinträchtig werden.

• Die Versorgung des Knochengerüstes kann sich verändern.

• Die unteren Gliedmaßen werden energetisch unterversorgt, und es können kalte Füße oder Lymphstauungen entstehen.

• Die Widerstandskraft kann abnehmen und Allergien sich verstärken.

Auf emotionaler Ebene steht das Wurzel-Zentrum für:

• Lebensenergie, Konzentration

• Lebensfreude in Verbindung mit dem Gefühl, von Gott geliebt zu werden

• Durchsetzungskraft, die vom Ego oder von der höheren Energie inspiriert sein kann

• Selbstständigkeit

• Die Energieverbindung mit Mutter Erde und allen Geschöpfen

• Selbstbewusstsein

• Standhaftigkeit

- Begierden können an die Oberfläche treten und versuchen, den Menschen zu kontrollieren.

- Ein unwiderstehliches Verlangen nach Alkohol, Sex und starken Genussmitteln kann ausgelöst werden.

- Eine extreme Abgrenzung nach außen.

- Das Leben wird als Last und Druck empfunden.

- Man fühlt sich ausgeliefert.

- Todesängste können den Menschen belasten.

Auf mentaler Ebene zeigt sich:

- Der Wille zum Leben

- Die Annahme des Körpers

- Die Wahrnehmung der Sinne auf der gedanklichen Ebene

- Die Wahrnehmung von Besitz

- Die Widerstandskraft gegen mentales Besitzergreifen von außen

- Die Basis zur Aufnahme wichtiger Energien, die im weiteren Verlauf die Wirbelsäule nach oben strömen

- Festhalten von Besitz

- Festhalten von bindenden, vom Menschen geprägten Vorschriften und deren Durchsetzung

- Ausfall der Kraft, welche Lebensfreude und Selbstwertgefühl stützt

So wurde bei einem Kind, das an Verdauungsstörungen und an Abwehrschwäche mit stets wiederkehrenden Infekten und Antriebslosigkeit litt, bemerkt, dass sich sein Wurzel-Zentrum fast völlig verschlossen hatte. Ebenso waren das Milz-Zentrum und das Solarplexus-Zentrum mit den Emotionen betroffen. Es zeigte sich, dass dieser Junge bei einem Unfall seinen Vater verloren hatte. Es wurde ihm nicht die volle Bedeutung der Situation erklärt, da man ihn schützen wollte. So erlebte er bei der Beerdigung, wie der Körper des Vaters von der „Erde" sozusagen verschluckt wurde. In dieser Wahrnehmung entwickelte er einen großen Zorn auf die Erde, die seinen Vater einfach „verschluckt" hatte. Sein Wesen „verschloss" sich, und der Austausch von Energien mit und die Verbindung zu den wichtigen Lebensenergien mit Mutter Erde wurde extrem gestört.

Die Harmonie dieses Energiezentrums ist in der jetzigen Zeit des Umbruchs von großer Wichtigkeit. Auch wenn karmische Verarbeitungen oder Entwicklungsprozesse ablaufen, kann die Funktion des Chakras dennoch gewährleistet sein. Dann befinden sich über dem Chakra teilweise dichte Energiekonzentrationen, die notwendig sind und von der Seele auf dem Verarbeitungsweg angenommen werden. Nur in der Bereitschaft zur Loslösung und Verarbeitung kann in der Zukunft ein freies Fließen der höheren Energien gewährleistet werden. Deshalb ist es wichtig, die Vorgänge immer anzunehmen und loszulassen; denn sobald ein Mensch nicht mehr vordergründig mit seinen persönlichen Verarbeitungen beschäftigt ist, kann er für den Mitmenschen oder für kollektive Felder zur weiteren Mithilfe von der geistigen Führung herangezogen werden. Natürlich geschieht dies nur, wenn seine Seele diese Mithilfe gewählt hat und damit einverstanden ist. In den meisten Fällen trifft dies zu, da jedes entwickelte Wesen weiß, dass Liebe sich immer im Geben äußert.

Für das Einströmen der lichtvollen Energien einer neuen Zeit wird dieses Chakra für die nachstehend genannten Aufgaben vorbereitet:

- Aufnahme der höheren Energien von Mutter Erde, die sich ebenfalls energetisch erhöht. Das Leben auf ihr wird viele Veränderungen zeigen. Es werden keine Raubtiere mehr existieren, und auch giftige Pflanzen gehören der Vergangenheit an. Der komplette Lebensraum wird lebensfreundlicher und sicherer.

- Die Sexualenergie wird sich nicht mehr in der Form zeigen, dass der Körper mit Hormonen und genetischen Prägungen zur Vermehrung mehr oder weniger getrieben wird. Die körperliche Vereinigung wird von einer höheren Liebe getragen und nicht mehr aus einer Begierde heraus vollzogen.

- Starke Energieströme durchziehen das Wurzel-Zentrum und vermitteln die Nähe zum höheren Selbst, zum Gotteswillen und zur Liebe dem Höchsten und allem Existierenden gegenüber.

- Der Mensch fühlt sich mit seiner Umwelt verbunden.

- Die transformierenden Energien, die vom Scheitel-Zentrum einströmen, treffen in intensiverer Weise auch im Wurzel-Zentrum
ein.

Das Milz-Zentrum

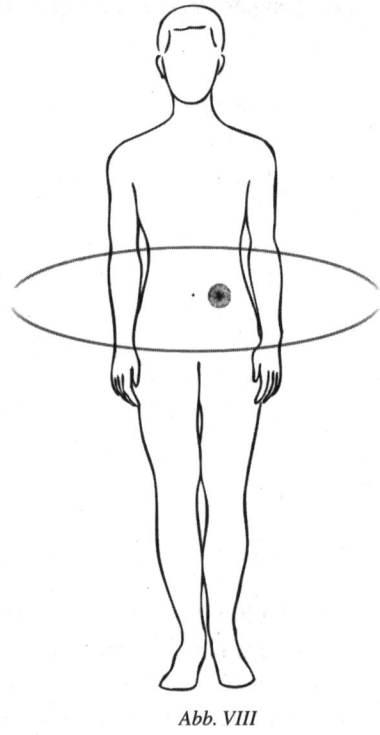

Abb. VIII

Das Milz-Zentrum wird von der Energie der Sonne gespeist und gibt diese als energetische Wärme an das Blut ab. Das leibliche Organ Milz bildet Blutzellen, stellt Lymphozyten zur Abwehr her, baut überalterte rote Blutzellen ab und ist ein Eisenspeicher. Die Milz befindet sich hinter der linken Zwerchfellkuppel und berührt Magen, Pankreas, Dickdarm und Niere.

Die unteren beiden Energiezentren geben in besonderer Weise Vitalenergie an den Körper ab. So nehmen sie auch neutrale Energien auf, die jedoch im weiteren Verlauf, auf ihrem Weg die Wirbelsäule nach oben, von persönlicher Energie verändert werden kann.

Dieses Energiezentrum ist mitunter von mehreren Energieschichten überlagert. Dies sind über längere Zeit aufgebaute karmische Belastungen, deren Auflösung sich sehr umfangreich und schwierig gestalten kann. Auch zeigt sich bei Blockierungen über den Energiezentren gelegentlich, dass über dem persönlichen Problem noch eine kollektive Belastung sitzt. Ein noch nicht wiedererlangtes Gott-Vertrauen führt beispielsweise zu einem Mangel an Selbstvertrauen, was bewirkt, dass der Betreffende von Machtstrukturen der Welt überlagert wird. Er kann auch von anderen missbraucht werden, die solchen Menschen ihre anscheinende Wertlosigkeit vorhalten, um sie auszunutzen und so zu beherrschen.

Die Zuordnungen auf der körperlichen Ebene sind:

• Die Drüsen, die vom Milz-Zentrum gesteuert werden, sind die Nebennieren, welche Adrenalin und Noradrenalin produzieren. Diese unterstützen das sympathische Nervensystem, regulieren den Blutdruck, den Herzschlag und haben Einfluss auf den Blutzucker. Ebenfalls wirkt diese Drüse über die Niere auf den Natrium- und Kaliumhaushalt des Körpers.

• Dieses Zentrum hat ebenfalls Einfluss auf die sexuelle Energie, wirkt jedoch auf emotionaler und mentaler Ebene auf die Sexualität des Menschen ein.

• Wirkt auf den Kreislauf

- Die ursprüngliche Lebensenergie wird durch die Vitalität der Sonnenenergie unterstützt.

- Hier gehen genetisch eingegebene Triebe aus dem Tierreich, wie etwa die Brutpflege, die sich auch im Menschenkörper befinden, in eine höhere Form über.

- Die Energetisierung des Körpers wird vom Milz-Zentrum beeinflusst.

- Belebung des Nervensystems

- Die oberen Kreuzbeinnervenpaare werden von diesem Chakra mit feinstofflicher Energie ebenso versorgt wie die untere Lendenwirbelsäule.

Bei Disharmonie dieses Energiezentrums kommt es zu Störungen in den aufgelisteten Bereichen:

- Zu Disharmonie bezüglich Kreislauf und Blutdruck

- Zu Störungen im Blutzuckerhaushalt

- Zu Erschöpfungszuständen, Müdigkeit und Antriebslosigkeit

- Zu sexueller Unlust durch emotionale oder gedankliche Belastungen

---

Auf der emotionalen Ebene zeigt sich:

- Geborgenheitsgefühl

- Harmonie im Gefühlszustand

- Vitalität und Frohsinn

- Kreativität

- Offenheit und Natürlichkeit

- Bedürfnis nach materiellen Gütern

- Vertrauen in das Leben, was Sicherheit und Selbstwert vermittelt

- Höhere emotionale Wahrnehmungen werden gestärkt

Bei Disharmonie im emotionalen Bereich zeigt sich:

- Anhaftung an materielle Dinge; nicht loslassen zu können

- Missmut und Unlust

- Nachlassende Kreativität

- Leichte Beeinflussbarkeit von äußeren Einflüssen

- Lieblosigkeit und Oberflächlichkeit

- Hektik und Nervosität

Auf der mentalen Ebene:

- Geistige Offenheit für das Leben

- Erforschung des Lebenssinnes

- Suche nach Sicherheit auf der materiellen Ebene

Bei Disharmonie:

- Verhaftung in Vorstellungen, wie das Leben zu laufen hat

- Materielle Besitztümer werden als Sinn des Lebens gesehen.

- Raffgier, die auch nicht vor Gewalt zurückschreckt, um ihr Ziel zu erreichen.

- Der Halt wird im Äußeren gesucht und nicht auf inneren Wegen.

Aufgestaute Wut hat beispielsweise die Tendenz, sich vor dieses Energiezentrum zu schieben. Oftmals liegen solche Wutansammlungen gar nicht im Bewusstsein des Menschen; oder er verdrängt sie noch mit einem zusätzlichen Energieaufwand. Erziehungsmuster, wie die Idee, man dürfe nicht wütend sein, oder bei Frauen der Gedanke, Wut sei unschicklich und unweiblich, veranlassen zu solch einer Verdrängung. Dann wird es immer wieder vorkommen, dass ein Kontakt mit einem Gegenüber stattfinden muss, der seine Wut vermutlich offen zeigt oder sogar gegen diesen Menschen richtet, bis eine Aktivierung auf energetischer Ebene stattfindet und sich durch Resonanz eine Reaktion einstellt. Alles, was geschieht und den Menschen berührt, hat auch mit ihm selbst zu tun. Achtet man auf diese Hinweise, kann man zügig vorwärtskommen und wird getragen von der Hilfe aus der geistigen Welt.

Im gegenwärtigen Reinigungs- und Ablösungsprozess hilft dieses Zentrum intensiv mit, um den Menschen von materiellen Bindungen und Anhaftungen an Mitmenschen und kollektive Felder abzulösen.

Die Aufgaben des Milz-Chakras in der neuen Zeit:

• Eine verstärkt aus der höheren Liebe getragene Sexualität.

• Die Wahrnehmung intensiviert sich, dass der Mensch aus den Energien Gottes und der geistigen Führung, die im Willen Gottes schwingt, gelenkt und geleitet wird.

• Das Vertrauen verstärkt sich, dass alles, was der Mensch benötigt, von der geistigen Führung zur Verfügung gestellt wird.

• Wird der Mensch im gegenwärtigen Energiezustand über Krankheit und Schmerz auf Situationen aufmerksam gemacht, die karmisch belastet sind oder die seine Entwicklung behindern, so wird der Mensch der neuen Zeit keinerlei körperliche Krankheit mehr zu erleiden haben.

• Das innere Streben des Menschen wird sich mit großer Hingabe intensiv um seine Ausrichtung auf den Gotteswillen und seine innere Entwicklung bemühen, so dass Hinweise über die Körperebene oder gar das Abtragen von Energien über den Körper nicht mehr notwendig sein werden.

• In absoluter Harmonie werden die Funktionen des Körpers tätig sein und Gesundheit und Wohlbefinden sind an der Tagesordnung. Diese Veränderung wird über das Milz-Zentrum vorbereitet und die feinen Energien und Wandlungen über die Milz verstärkt.

Diese Veränderungen bedeuten nicht, dass der Mensch nach der energetischen Transformation des Planeten frei ist von jeglichen Sorgen, doch werden Lernprozesse nicht mehr über die Körperebene ablaufen und dort abgetragen werden. Über Gefühlswahrnehmungen und mittels Bewusstwerdung können die Verarbeitungen erkannt und gelöst werden. Das Streben des Menschen hat dann einen Entwicklungsstand und ein Niveau erreicht, welches ihn direkt, über die Intuition, die Hinweise seiner geistigen Führung empfangen lässt.

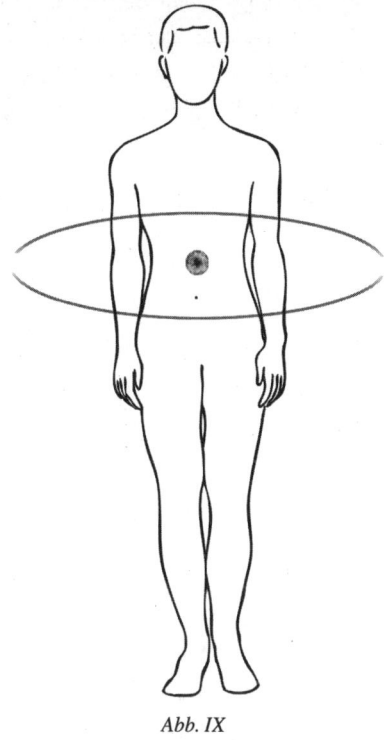

Abb. IX

Das Solarplexus-Zentrum kann auch als das Gefühls-Zentrum bezeichnet werden. Über dieses Chakra werden sowohl die eigenen Gefühle wahrgenommen als auch die Einwirkung emotionaler Energien von außen.

Befindet die geistige Führung, dass es Zeit ist für die Rückführung eines noch abgespaltenen Seelenteiles des Menschen, erfolgt die emotionale Rücknahme immer über den Brustbereich. Der abgespaltene Seelenteil fühlt sich vermutlich für den Betreffenden fremd an, da er meist noch mit negativen Energien behaftet ist, welche im Herz-, Solarplexus- und häufig auch im Hals-Zentrum zu einem kurzzeitigen Schließen dieser Chakras führen. Es kommt häufig vor, dass Menschen in früheren Inkarnationen so sehr an bestimmte Situationen gebunden wurden oder auch an Wohngebäuden oder Mitmenschen hängen, dass sich bestimmte Seelenfasern auch nach ihrem leiblichen Tod nicht davon trennen können. Dann verbleiben diese Teilbereiche in der erdnahen Sphäre und müssen von Folge-Inkarnationen abgelöst und reintegriert werden. Solche Rücknahmen werden vom Menschen mitunter als besonders unangenehm empfunden, da er sich in diesen Momenten von der höheren Energie geradezu abgeschnitten fühlt, während die ankommenden negativen Emotionen kurzzeitig das komplette Wahrnehmungsfeld übernehmen. Meistens sucht der Mensch dann bei sich nach der Ursache oder kann es einfach nicht fassen, was sich in ihm abspielt. Doch nach einer Weile sollte das Vertrauen wieder zurückkehren. Noch zu keiner Zeit war der Mensch so intensiv aufgefordert, alle alten Belastungen abzubauen und noch verstreute Seelenteile zurückzuholen, wie heute.

Manchmal reagiert das ganze System des Menschen mit Schock, und auch das Hara-Zentrum kann sich zusammenziehen. Dann fühlt sich der Betreffende noch stärker aus seiner Mitte herausgerissen. Hier ist es wichtig, sich dennoch der Führung und dem Schutz der geistigen Welt verbunden zu fühlen, da nichts willkürlich geschieht. Das Gefühl des Annehmens und Akzeptierens löst dann die Verkrampfung auf, und die Energiezentren öffnen sich wieder. Das Gebet und die Segensbitte können hier wichtige Hilfen sein.

Die alten Emotionen werden nun im Verlauf der weiteren Verarbeitung über das Solarplexus-Zentrum aufgenommen und durch die Christus-Energie, die vom Herz-Zentrum her einströmt, aufgelöst.

Manche Seelenfasern werden auch über die Rückseite des Hals-Chakras aufgenommen, was hier mitunter zu großen Verkrampfungen führen kann, doch werden die Emotionen letztlich immer über das Solarplexus-System transformiert.

Die körperlichen Zuordnungen dieses Zentrums sind:

• Das Verdauungssystem, besonders der Magen. Dieses Organ wird von belastenden Emotionen in ganz besonderer Weise in Mitleidenschaft gezogen. Das sagt schon der Volksmund deutlich: „Das hat mir auf den Magen geschlagen."

• Leber und Galle; die Leber ist das Entgiftungsorgan des Körpers.

• Das vegetative Nervensystem, welches in seiner Funktion auch als unwillkürliches Nervensystem bezeichnet wird, mit Sympathikus und Parasympathikus. Sympathikus für die Mobilisierung der Energie gegenüber der Umwelt, für Auseinandersetzungen sowie für die Selbsterhaltung(Kampf und Flucht), und dem Parasympathikus für die Erholung (Atmung, Herzschlag, Blutdruck).

• Ein Geflecht vegetativer Nervenfasern, welches relativ autonom die Magen-Darm-Bewegung steuert (intramurales System).

• Die Nerven der unteren Brustwirbelsäule sowie die obere Lendenwirbelsäule

• Die zugehörige Drüse ist die Bauchspeicheldrüse. Sie stellt wichtige Verdauungsfermente her und gibt sie über den Zwölffingerdarm an das Verdauungssystem ab, weiter ist sie für das Insulin zuständig, welches den Blutzucker senkt, ebenso wie für das Glucagon, welches den Blutzuckerspiegel bei Bedarf wieder anheben kann.

Bei Störungen des Solarplexus-Zentrums werden die genannten körperlichen Bereiche belastet.

Auf der emotionalen Ebene:

- Dieses Zentrum ist mit den Emotionen der jeweiligen Persönlichkeit eng verbunden, deshalb könnte man auch sagen, dass dieses Zentrum den emotionalen Sitz des Menschen darstellt. Der Mensch setzt sich in der jeweiligen individuellen Persönlichkeit aus vielen Einzelaspekten zusammen, die sich in den verschiedenen Inkarnationen geformt haben und wieder in das neue Erdenleben mitgebracht wurden. So kann die Seele sich von eventuellen Bindungen lösen oder ihre Persönlichkeit auf den Geist ausrichten. Dieses Zentrum ist besonders wichtig für die Verarbeitung menschlicher Emotionen, die dann als Liebe in die Herz-Ebene überwechseln können. Alle höheren Gefühle sind in Wahrheit geistige Zustände. Liebe, Vertrauen oder Demut befinden sich als göttliche Tugenden bereits außerhalb der normalen menschlichen Emotionen. Es gilt, das ganze Sein des Menschen auf diese höheren Gefühle auszurichten. Dann ist das Individuum untrennbar verbunden mit dem höchsten Sein und erfährt in sich den Gotteswillen. Er hat keine Bedürfnisse mehr, irgendwelche eigenwilligen Wege zu gehen, da sie nur in die Irre und in die Gottferne führen.

- Über das Solarplexus-Zentrum werden die Emotionen des Gegenübers wahrgenommen. Es gilt, über dieses Chakra zu lernen, welches die eigenen Empfindungen sind und welche von außen eventuell hereindrängen, um zu manipulieren.

- Dieses Zentrum transformiert Begierden und Wünsche, die aus den unteren Ebenen aufsteigen.

- Es steht in besonders enger Verbindung zum Astral-Körper, der deshalb auch als Emotional-Körper bezeichnet wird.

Bei Blockierungen entstehen hier:

- Ungute Gefühlszustände, wie mangelndes Vertrauen

- Abhängigkeit von alten Gefühlen; die Vergangenheit wird nicht losgelassen.

- Aufgestaute Emotionen, wie Eifersucht oder Habgier, die das ganze Chakra verschließen können.

- Versucht ein Gegenüber, Macht auszuüben oder negative Emotionen zu senden, kann sich dieses Chakra ebenfalls schließen, was in diesem Fall als Schutzfunktion zu sehen ist. Sobald die Gefahr vorbei ist, wird sich das Zentrum im Normalfall wieder öffnen und die Verkrampfung nachlassen.

- Reizbarkeit

- Das Leben wird negativ betrachtet, es hält scheinbar nichts Gutes bereit.

- Hat der Mensch in seiner Kindheit nicht genügend Halt und Anerkennung gefunden, versuchen innere Bereiche, sich über dieses Zentrum immer wieder Energie von außen zu holen. Der Wunsch nach Anerkennung, die Suche nach Lob und das Auffallen in der Außenwelt sind gängige Vorgehensweisen von unterversorgten Persönlichkeitsteilen. Hier gilt es, diese in ihrer

93

Auswirkung zu erkennen und mit ihnen zu arbeiten. Sie verbrauchen enorme Mengen an Energie und beschäftigen sich nur mit der Suche nach neuen Energiequellen in der Außenwelt. Für das wahrhaft Wichtige bleibt dann nicht mehr viel Zeit.

• Emotionale Schlacken trüben die Wahrnehmung. Hat man das Problemfeld, nicht anerkannt oder verleugnet, um geliebt zu werden, wird das innere System im Umfeld immer wieder dieses Thema aufrufen.

Auf der mentalen Ebene:

• Das Wissen, von Gott geliebt zu werden, vermittelt Vertrauen und Frieden.

• Es verstärkt sich die emotionale Intelligenz, die eng mit dem höheren Willen verknüpft ist und mit der Zeit immer mehr erkennt, dass das wahre Ziel des Menschen nicht auf dieser Welt liegt, sondern im Streben nach höheren Werten.

Im blockierten Fall:

• Situationen, in denen sich der Mensch gut gefühlt hat, möchten vom System immer wieder neu herbeigeführt werden. Doch dies stellt eine große Ablenkung dar. Den Weg zur Loslösung und zur Hinwendung an das Göttliche zu beschreiten, ist wichtiger, als sich immer nur gut zu fühlen. Dieser Planet ist zurzeit ein reiner Arbeitsplanet. Er wird gereinigt, geläutert, mit Liebe durchdrungen und jede Menge karmische Verkrustungen und negative Altlasten werden aufgelöst. Die Erholung kommt in der Zeit danach. Heute kommt man am weitesten, wenn man die Realität betrachtet und im Hier und Jetzt seine Möglichkeiten wahrnimmt. Man muss dennoch nicht glauben, dass das jetzige Leben nur mit Arbeit und Mühe behaftet ist. Die geistige Führung versucht immer, die wahren Wünsche des Menschen zu erfüllen; und man darf sich freuen, wenn es einem gut geht.

- Hoffnungslosigkeit. Man glaubt, das Leben nicht mehr meistern oder bewältigen zu können.

- Wertlosigkeit, die sich mit sich selbst erhalten wollenden Gedankengebilden zeigt. Frühere Machthaber nutzten diese Gefühle als Möglichkeit der Unterdrückung und Manipulation. Es zeigen sich mitunter dichte Gedanken- und Emotionalgebilde über dem Solarplexus-Zentrum, welche ihre alte Macht erhalten wollen und intensiv in den Menschen eindringen möchten. Da fast jeder Mensch in früheren Leben mit den weltlichen Machtsystemen Kontakt hatte, gibt es hier nahezu für alle etwas zu tun, um sich abzulösen. Haben sich weltumspannende Machtstrukturen, die sich möglicherweise auch als Religionen tarnen, im Bewusstsein festgesetzt, kann der Mensch von starken Energien beherrscht werden, die sich auch auf der Emotionalebene mit ständigen Schuldgefühlen zeigen, wenn man diesen Kräften nicht mehr dient. Da sich viele Menschen heute davon befreien, sind Schuldgefühle das besondere Mittel dieser Mächte, um den Menschen wieder in ihre Fänge zu bekommen.

Das Solarplexus-Zentrum ist der Hauptvermittler zwischen den höheren und den persönlichen Energien. Es ist das Tor zwischen den unteren Chakras und den oberen, in enger Verbindung mit dem Herz-Zentrum, welches als eigentlicher Transformator angesehen werden kann. Über das Herz, über die Liebe, wird alles erhöht werden.

• Ein verfeinertes Verdauungssystem. Die Energien der neuen Zeit ermöglichen es dem Menschen, seine Energie vorwiegend über die Luft und die feinstofflichen Versorgungswege zu beziehen. Über den Atem ist der Mensch mit der höheren Lebensenergie verbunden, und auch die Körpererhaltung wird zumeist mit diesen Energien bestritten. In geringem Umfang werden Gemüse, Korn, Beeren oder Früchte genutzt.

• Das Empfinden, von Gott geliebt und getragen zu werden, verstärkt sich in einer Weise, dass es keinen Glauben mehr erfordert, sondern es ist das Wissen, dass der Mensch ein Teil von Gottes Schöpfung ist und immer von ihm geliebt und behütet wird.

• Über das Solarplexus-System steht der Mensch mit seinem Umfeld in besonders intensiver Verbindung. Die Wahrnehmung ist geöffnet und die emotionalen Bewegungen im Gegenüber oder in der Außenwelt werden ganz konkret empfunden.

• Auch Informationen der den Menschen umgebenden Lichtwesen werden in der Zukunft intensiv über das Solarplexus-Zentrum, teilweise in Verbindung mit dem Stirn-Zentrum, aufgenommen. Über das Solarplexus-Zentrum werden manchmal in Bruchteilen von Sekunden ganze Informationspakete eingearbeitet, die im Inneren auf die Gefühls-Wahrnehmungs-Ebene übersetzt werden und ihren Weg die Wirbelsäule hinauf nehmen, in das jeweilige Gedankengut des Menschen.

Diese äußere Informationsquelle, zusammen mit der intuitiven Wahrnehmung im Inneren, ist für den Menschen, der sich auf die neue Energie ausrichtet, bereits heute eine große Hilfe. Deshalb ist es wichtig, erhaltene Informationen möglichst sofort umzusetzen. So kann bereits der zarte Impuls: „Blase die Kerze aus, bevor du zum Schneeschippen gehst", deshalb gegeben werden, weil man beim Schippen die Nachbarin trifft, mit ihr in ihr Haus geht und in der Zwischenzeit die Dekoration um die Kerze zu brennen beginnen würde. Oder es geht um einen wichtigen Hinweis, etwas ganz Bestimmtes zu tun oder aufzuschreiben, was für eine Erkenntnis oder eine Handlung wichtig ist. All dies wird dem Menschen von der geistigen Welt oder seiner Führung übermittelt; und es ist in der jetzigen Zeit ganz besonders wichtig, auf diese Impulse zu hören und sie auch sofort umzusetzen, ohne Zweifel daran, ob sie wichtig und richtig sind. Sind sie „scheinbar" nicht richtig und kommen tatsächlich aus verdrängten Aspekten des Menschen, ist es trotzdem von Bedeutung, dass sie nach oben drängen, denn sie verstopfen die Wege der Intuition und der höheren Wahrnehmung. Deshalb ist unbedingtes Vertrauen sehr wichtig. Das innere Wesen des Menschen wird dankbar sein, wenn die Persönlichkeit diesen Weg einschlägt.

Das Herz-Zentrum

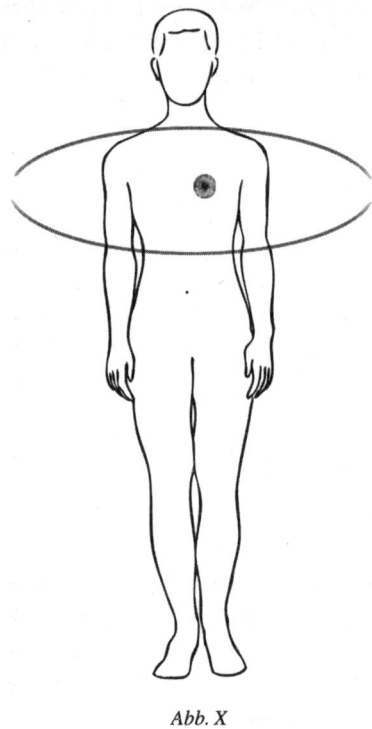

Abb. X

Das Herz-Zentrum kann als der Mittelpunkt des Siebener-Chakra-Systems betrachtet werden. Es vereint die unteren drei Zentren, die sich mehr mit irdischen und menschlich-emotionalen Themen beschäftigen, mit der Energie der oberen drei Zentren, die mehr von der geistigen Ebene inspiriert werden. Es verbindet das Oben mit dem Unten und kann als das Tor zur geistigen Welt betrachtet werden. Hier entfaltet sich die Rückkehr-Energie durch die

Christus-Kraft. Nur über das geistige Herz ist ein Weg in die licht-vollen Ebenen möglich.

Gerade in dieser Zeit der Wandlung ist das Wirken dieses Ener-giezentrums sehr wichtig. Es transformiert das Sehnen des Men-schen in eine höhere Form und ermöglicht die Verbindung in die geistige Ebene.

Die umfangreichste Auflösung findet zurzeit in dem emotionalen Bereich statt, welcher eng mit den Gedanken verbunden ist. Er ist die Haupt-Arbeitsfläche für den Menschen, da er mit den Irrwegen der menschlichen Entwicklung verbunden ist, die Energien in der Außenwelt zu suchen. Sowohl karmische Belastungen als auch Begierden und Sehnsüchte sind in diesen Bereichen angesiedelt, die einen Großteil menschlicher Verarbeitungen ausmachen.

Über dieses Zentrum ist es dem Menschen auch möglich, jene Energie der Liebe nach außen zu strahlen, welche ihn durchströmt, sobald er den Eigenwillen aufgegeben hat und sich der Liebe Gottes geöffnet hat. Er wird dann zu einem reinen Gefäß für die Liebe Gottes, die ihn durchströmt. Wenn der ursprüngliche Schöpfungs-fall ein „Fallen aus der Liebe" war, dann ist die Rückkehr eine erneute Verbindung mit dieser ursprünglichen Liebe. Die Wieder-vereinigung mit der Liebe ist dann in Wahrheit eine Wiederverei-nigung mit Gott, zu dem der Mensch zurückgefunden hat.

Das Herz-Chakra ist dabei das entscheidende Verbindungsglied und die „Heimkehr-Pforte" in das Reich Gottes. Es trägt auch die heilende Energie für den Körper in sich und reagiert sehr schnell auf emotionalen Stress.

- Das Herz als Körperorgan. Dieses Organ wird durch Herz-Schmerzen (Kummer) und Stress stark belastet; zugleich kann aber ein Gefühl der Liebe das Herz auch wieder schnell zur Heilung bringen.

- Das Kreislaufsystem wird über das Herz gesteuert und reagiert auf äußeren Druck und Stress sowie auf eigene Wut und Ablehnung meist mit erhöhtem Blutdruck.

- Lungen- und Bronchienfunktionen sind eng mit dem Herz-Zentrum verbunden.

- Auch Hände und Arme werden energetisch versorgt, weshalb bei einem Herzinfarkt der Schmerz meist in den linken Arm ausstrahlt.

- Brustkorb und Rücken werden im Bereich dieses Zentrums beeinflusst (siehe Abb. VI b und c).

- Die Drüsenzuordnung steht für die Thymusdrüse. Sie ist ein hoch schwingendes Organ. Laut offizieller Lehrmeinung weiß man noch nicht in allen Einzelheiten, wie diese Drüse funktioniert. Körperlich betrachtet, regelt sie das Wachstum. Sie vergrößert sich bis zur Pubertät und bildet sich dann im Laufe des Erwachsenenalters wieder zurück. Die Thymusdrüse gilt als wichtigste Kraft für die zelluläre Abwehr und ist somit entscheidend für das Immunsystem und die Abwehrkräfte.

• Erkrankungen des Herzens und des Herz-Kreislauf-Systems

• Erkrankungen der Bronchien und der Lungen

• Erkrankungen des Brustkorbes, des Rippenfells und der Brustwirbelsäule

• Störungen in der Nervenversorgung, welche aus der Brustwirbelsäule entspringen.

• Schmerzen zwischen den Schulterblättern, die in den meisten Fällen bedeuten, dass fremde Anhaftungen oder negative Energien durch eventuell uralte Verbindungen wieder in das Körpersystem einzudringen versuchen, um ihren Zugriff zu erneuern. Dies wird besonders häufig in der jetzigen Zeit beobachtet, da die Systeme spüren, dass sie ihre Macht durch den Einstrom der Liebe auf diesen Planeten verlieren und sich ihren Fortbestand sichern möchten.

Auf der emotionalen Ebene:

• Gefühlswärme und Zuneigung zu den Mitmenschen sowie Nächstenliebe entfaltet sich in diesem Bereich.

• Der liebevolle Kontakt zum Mitmenschen kann über das Herz-Zentrum aufgebaut werden.

• Selbstbestimmung

• Sicherheit in der Gewissheit, dass die Liebe Gottes den Menschen immer trägt, sobald er sich ihr wieder zuwenden kann.

• Die Wahrnehmung der Gefühlswelt des Gegenübers. Menschen, welche die Empfindungen ihres Gegenübers intensiv wahrnehmen können, so genannte Empathen, haben ein sehr aktives Herz-Zentrum, da sie hierüber die Gefühle wahrnehmen. Bei Telepathen hingegen ist das Stirn-Chakra besonders aktiviert.

• Über das Herz-Zentrum können durch die Christus-Energie auch negative Strukturen in der Umwelt transformiert werden. So kann ein Mensch, der für solche Energieumwandlungen bereit ist, große Mengen angestauter und negativer Energie in Räumen oder in den Auren der Mitmenschen auflösen. Nicht selten erlebt er dabei pochende Herzschmerzen und einen Druck auf der Brust, die er dann vielleicht als Erkrankung deutet, doch sie sind Teil seiner energetischen Aufgabe.

• Der Mensch kann über das Herz-Zentrum lernen, in der Nächstenliebe seinen Mitmenschen persönlich zu verzeihen und gleichzeitig das Portal zu öffnen für die wahre Vergebung. Dies ist ein Zustand, der von den höheren Welten eingeleitet und von der geistigen Ebene getragen wird. Der Mensch kann persönlich verzeihen, doch die wahrhafte Vergebung (als Gabe), die meist auch mit einer Auflösung des dadurch entstandenen Karmas einhergeht, kann nur von der Lichtebene eingeleitet werden. Deshalb kann kein Mensch einem anderen irgendwelche Sünden abnehmen oder ihm gar Vergebung durch den Himmel garantieren, dies kann nur Gott allein mit seinen Engeln.

- Dem Verlangen nach Energie, die von außen eingespeist wird. Das bedeutet, dass sich ein Mensch, der sich nicht geliebt und anerkannt fühlt, immer wieder in der Suche nach Liebe im Äußeren verliert, anstatt zu erkennen, dass alle Liebe bereits in ihm ist, ihn trägt und auf all seinen Wegen unterstützt.

- Man sucht sich Liebe, indem man übermäßig hilft und Dinge für den anderen tut, die dieser gar nicht möchte. Dies geschieht ausschließlich deshalb, weil das Ego Energie von außen als erzwungene Dankbarkeit und Bestätigung holen möchte, da es verlernt hat, die Gottesliebe im Inneren zu erkennen.

- Entscheidungsschwäche, da man keine Impulse in sich fühlt, wie man sein Leben zu gestalten hat. Man ist wie abgeschnürt von der geistigen Führung und ihren Impulsen.

- Fühlt sich der Mensch abgeschnitten vom Leben, kann er teilnahmslos werden und alle Eigenständigkeit verlieren.

- Depressionen hängen immer mit einem verschlossenen Herz-Zentrum zusammen.

Auf der mentalen Ebene:

- Öffnet sich die bewusste Wahrnehmung, dass die Liebe Gottes die einzig wahre Energie des Seins darstellt.

- Erkennt man, dass nicht das Lob von außen, Rechthaberei oder Macht der Weg sind, sondern die wahre Liebe, die im Inneren fließt.

- Nimmt man bewusster wahr, was sich im Gegenüber abspielt.

- Fließt die innere Kraft durch das Auflösen der persönlichen Prägungen und Vorstellungen, wie das Leben abzulaufen hat. Was der Mensch an persönlicher Prägung auflöst, kann der Gottesenergie übergeben werden.

Im negativen Zustand:

- Kann durch zu viel Denken das Herz-Zentrum blockieren. Eine geistige Überanstrengung kann die Folge sein.

- Zwänge, die sich in früheren Inkarnationen eingegraben haben, können sich hier zeigen und zu Störungen führen.

- Angstvorstellungen können das Denken beherrschen.

Die Bedeutung eines freien Energieflusses innerhalb dieses Energie-Zentrums kann nicht oft genug betont werden. Hier ist der Mensch mit der derzeitig aktiven Transformationskraft verbunden, und die Auflösung und Umwandlung findet über dieses Zentrum statt.

In der neuen Zeit wird der Mensch über dieses Zentrum:

- In besonderer Weise mit dem höheren Willen verbunden sein.

- Informationen aus der geistigen Welt direkt übermittelt erhalten.

- In der Lage sein, jegliche Gefühlsregung in seinem Umfeld wahrzunehmen und darauf zu reagieren.

- Das Strahlen dieses Zentrums auf alle umgebenden Bereiche weiterleiten; und das Gefühl der Verbundenheit und Liebe wird das tägliche Leben bestimmen.

- Noch ungute Empfindungen verarbeiten, jedoch auf emotionaler Ebene, nicht mehr über die körperliche.

- Die Heilkraft über das Herz-Zentrum in starkem Maße aktivieren. Wenn in der Zukunft der Mensch noch an irgendwelchen alten Blockierungen hängen sollte, können die Menschen der neuen Zeit gemeinsam Heilungsprozesse einleiten. Dies ist besonders wichtig in der Übergangszeit und in der Zeit kurz nach der Wandlung, da die Menschen gemeinsam Reststrukturen auflösen können.

- Hellfühligkeit als Bestandteil seines täglichen Seins nutzen können.

- Ein strahlendes Herz der Liebe spüren, welches die Energie der neuen Zeit aufnimmt und weitergibt.

Das Hals-Zentrum

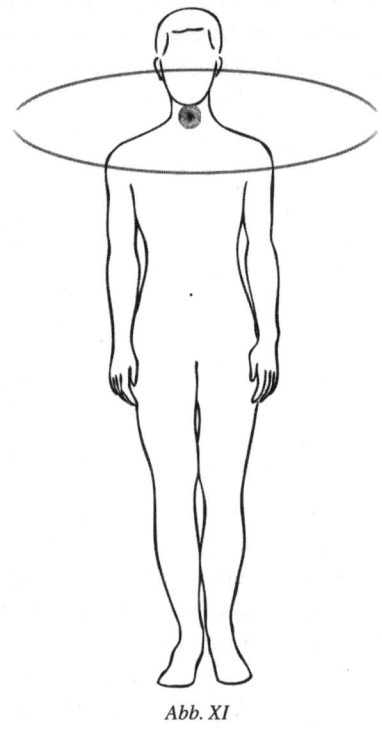

Abb. XI

Dieses Zentrum stellt ein wichtiges Durchgangstor von der geistigen Ebene in die materielle sowie von der mentalen in die emotionale Energie dar. Denkt der Mensch zu viel, ohne auch das Herz einzubeziehen, kommt es hier zu Stauungen. Ist der Mensch zu stark auf das Erdenleben fixiert, wird die höhere Energie blockiert, da sie vom Menschen in seinem Eigenwillen nicht zugelassen wird.

Im Bereich des Kehlkopfes zeigt dieses Chakra in den vorderen Körperbereich, während im Genick das Auftreffen des Verbindungs-Energiebandes in die Halswirbelsäule sich ebenfalls als starker Energiewirbel abzeichnet. Dieser rückwärtige Bereich des Hals-Zentrums dient auch der Rückkehr von eigenen Energien oder Abspaltungen der Seelen (sogenannten Teilbereichen), die über dieses kleinere Genickzentrum wieder in das Gesamtsystem einströmen. Diese „Einlasspforte" möchten sich mitunter dunkle Kräfte und alte Energiefelder zunutze machen, um mit den zurückkehrenden Seelenfasern ebenfalls in das System des Menschen einzudringen. Auch stark imprägnierte negative Energieströme, die auf Macht und Unterdrückung aus sind, heften sich gerne an das Genick, um von dort vielleicht doch langsam in das Energiefeld des Betreffenden eindringen zu können. Deshalb kommt es hier gerne zu Verspannungen. Die Intelligenz des eigenen Systems öffnet das Chakra nicht, da es spürt, dass fremde Energien davor lauern. Das kann natürlich zu erheblichen Stauungen führen, die lange Zeit benötigen, bis hier die Ordnung wiederhergestellt ist und die Abwehrkräfte neu aufgebaut wurden.

Dieses Chakra hängt mit der Kommunikation und ganz besonders mit der persönlichen Ausdrucksfähigkeit zusammen. Bereits am Klang der Stimme kann man auf den Emotionalzustand einer Sprecherin/eines Sprechers schließen. Schrill, hoch, abgehackt und hektisch bei Angst und Verzweiflung, dagegen wohlklingend, ausgeglichen und ruhig bei innerer Verbundenheit mit den höheren Kräften.

Auswirkungen dieses Zentrums auf der körperlichen Ebene:

• Klang der Stimme, Stimmbänder

• Atmung

- Teilweise die Arme, Schultergürtel

- Kehlkopf, Luftröhre, Mandeln – als Abwehrsystem im Halsbereich

- Oberer Lungenbereich sowie obere Speiseröhre

- Als Drüse wird diesem Zentrum die Schilddrüse und die Nebenschilddrüse zugeordnet. Die Schilddrüse ist zuständig für Wachstum, Skelettreife und den Stoffumsatz im Körper. Sie hat Einfluss auf die Herztätigkeit sowie auf Nerven- und Muskelgewebe. Sie wird von der Hypophyse gesteuert. Hinter der Schilddrüse befinden sich die vier kleinen Bereiche der Nebenschilddrüse, die mit ihren beiden Hormonen für das Knochengewebe zuständig ist.

- Die Nervenversorgung der Halswirbelsäule in Verbindung mit den beiden oberen Chakras.

Bei Disharmonie des Hals-Zentrums kommt es zu:

- Einer schrillen und hektischen Stimme oder zu Erkrankungen der Stimmbänder

- Schwierigkeiten beim Atemholen oder einer Erkrankung der Atemwege

- Struma (Kropf), Fehlfunktionen oder Entzündungen der Schilddrüse

- Kehlkopfkrebs

- Stottern

- Rot anlaufen der Haut im Halsbereich, wenn eine emotionale Blockierung vorhanden ist, etwa bei Angstzuständen, Scham oder Bedrohung

---

Auf der emotionalen Ebene geht es um folgende Themen:

- Ein offenes Hals-Zentrum erlaubt ungezwungenes, freies Sprechen.

- Wahrhaftigkeit wird angestrebt

- Eine gute Verbindung zwischen Herz und Kopf wird etabliert.

- Eine feste Stimme zeigt eine gute Anbindung zur persönlichen geistigen Führungsebene.

- Die Meinung anderer beeinflusst nicht mehr die eigenen Entscheidungen.

- Eine Ablösung von bindenden Traditionen oder gesellschaftlichen Zwängen kann mit einem gut funktionierenden Hals-Chakra erreicht werden.

- Innere Stabilität, Unabhängigkeit und Selbstbestimmung

- Freiheit der eigenen Person

- Lebensfreude

Dysfunktion auf der emotionalen Ebene bedeutet:

• Machteinfluss von außen verhindert persönliche Stärke, die Stimme wirkt schwach und labil

• Gefühlsleere

• Unruhe und Ungleichgewicht

• Dauerndes Gefühl von Unwohlsein, weil man sich dem Leben nicht gewachsen sieht.

• Unsicherheit

• Illusionswelten werden aufgebaut

Im mentalen Bereich zeigt sich:

• Die Stärke der eigenen Wahrnehmung und Erkenntnis

• Sicherheit durch geordnete Gedanken, die sich mit den höheren emotionalen Wahrnehmungen decken

Bei Blockierungen geht es um:

• Verleugnung der eigenen Lebensrechte

• Der Mensch wird zu stark von Kopfgedanken gelenkt.

• Hektik und Unordnung in den Gedanken

- Der Stolz kann gewaltige Ausmaße erreichen.

- Ein gesundes Selbstbewusstsein kann in Arroganz übergehen.

In der kommenden Zeit wird dieses Energiezentrum besonders für den veränderten Ausdruck eines neuen Menschen stehen. Die Stimme wird liebevoll, weich und wohlklingend und kann den Mitmenschen mittels einer Schwingung erreichen, die ihn mit Liebe und Wohlbehagen erfüllt. Der Mensch kann sich in einer Weise ausdrücken und somit selbst zum Ausdruck des Göttlichen werden, wie wir es uns heute kaum vorzustellen vermögen. Liebe schwingt in jedem Ton mit.

Ist der Mensch zurzeit meist auch sehr mit sich selbst und seinen Aufarbeitungen beschäftigt, kann er sich in der Hinwendung an die neuen Energien doch schon von seinem höheren Selbst führen lassen. Es ist das Selbst, welches intensiv mit der geistigen Führung verbunden ist und von dieser die notwendigen Hinweise, auch für die Kleinigkeiten des Alltags, erhält. Er kann dann in sich nachfragen: „Wie kann ich das tun?" – und wird eine Antwort erhalten. Diese Antwort wird sich in Harmonie mit dem Gottes-willen befinden.

Vor allem aber wird es viel leiser werden auf dieser Erde. Hektisches Gerede wird unterbleiben, da die Wahrnehmung des Menschen sich viel mehr auf das Innere bezieht. Da alle Menschen mehr in einer telepathischen und empathischen Verbindung zu-einander stehen, wird ohnehin weniger geredet. Blicke genügen teilweise, um einander zu verstehen.

Es werden keine Missverständnisse mehr auftauchen, da die Lü-ge nicht mehr Bestandteil des Lebens sein wird, sondern die Wahr-haftigkeit den Weg des Menschen zu Gott vorzeichnet. Der Mensch weiß, dass alles Äußere einen Ausdruck Gottes darstellt, so wie er selbst auch. Dieses innere Wissen vermittelt Ruhe, Ausgeglichenheit und einen freien Austausch zwischen Kopf und Herz.

Das Stirn-Zentrum

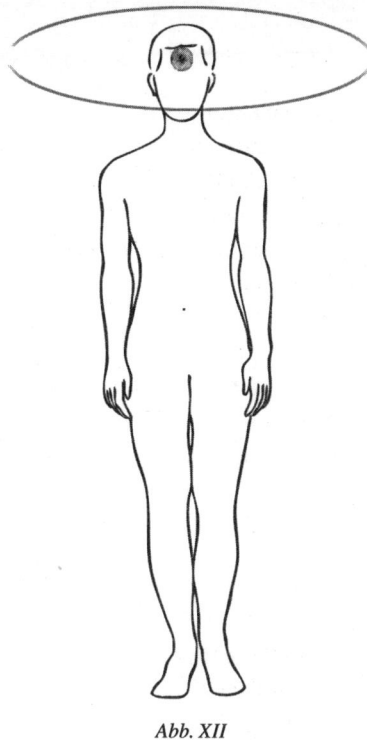

Abb. XII

Dieses Energiezentrum kann symbolhaft als Tor für die Bewusstwerdung angesehen werden. Ist dieses Zentrum voll entfaltet, hat der Mensch uneingeschränkten Zugang zur Wahrnehmung der geistigen Vorgänge. Er schaut deutlich die geistige Wahrheit und die Realität hinter den weltlich-materiellen Geschehnissen.

Dieses Chakra steht für geistige Wahrnehmung, für die ganzheitliche Sicht auf alle Geschehnisse und das tiefe Wissen, dass die göttliche Liebe das Ziel allen Seins darstellt. Die Intuition ist voll entwickelt und lenkt den Menschen auf all seinen Wegen. Das Denken wird von der höheren Wahrnehmung geprägt.

Körperliche Prägungen des Stirn-Zentrums:

- Die Organe des Körpers, die sich im nahen Umfeld dieses Zentrums befinden, werden von seiner Energie getragen: Augen, Ohren, Nase, Nebenhöhlen, Stirnhöhlen, Teile des Gehirns sowie das Zentralnervensystem.

- Als Drüse gehört zu diesem Zentrum die Hypophyse (Hirnanhangsdrüse). Sie regelt mit ihren Hormonen den Stoffwechsel und das Wachstum, lenkt die Schilddrüse und wirkt auf die Geschlechtsdrüsen sowie auf die Nebennierenrinde. Dies weist darauf hin, dass ein gutes Funktionieren dieses Chakras das gesamte System positiv beeinflusst.

Bei Blockierungen im Stirn-Zentrum zeigen sich:

- Krankheiten in oben genannten Körperbereichen

- Gedächtnisstörungen

- Kopfschmerzen

- Vergesslichkeit

- Schlafstörungen

Im emotionalen Bereich:

• Vertrauen in die göttliche Führung

• Ehrfurcht vor dem Höchsten

• Wenn das Herz-Zentrum geöffnet ist, erhält der Mensch sehr viel emotionale und gedankliche Informationen von seinem Gegenüber, diese werden bei einer klaren Funktion sortiert und richtig bewertet.

• Gefühle werden als das wahrgenommen, was sie sind. Das können mitunter bittere Erkenntnisse sein, da man nicht selten registriert, dass das Handeln aus emotionalen Bedürfnissen und Fehlprägungen geschieht.

Bei Disharmonie im emotionalen Bereich:

• Emotionen, die aus dem Eigenwillen wirken, können nicht erkannt werden. Sie werden ausgelebt und genährt, ohne die Erkenntnis, was wirklich dahinter steckt.

• Man wird zögerlich in seiner Entscheidung und verliert schnell den Mut.

• Unwohlsein und Unruhe prägen das Gefühlsleben, wenn sich das Bewusstsein nicht mit der höheren Weisheit im Einklang befindet.

• Überheblichkeit im Glauben, alles richtig zu erfassen, kann das komplette System stören.

- Die negativen Gedankenformen und Vorschriften der vom Menschen aufgebauten Welt werden klar erkannt und als das identifiziert, was sie sind – Vorschriften zur Kontrolle und Machtausübung.

- Die Intuition wird auf der gedanklichen Ebene von höheren Eingebungen geprägt.

- Klares Denken wird gefördert.

- Die Gedankenkraft wird nicht mehr für persönliche Ziele genutzt, sondern immer mehr dem Gotteswillen unterstellt.

- Über dieses Chakra werden hellsichtige Wahrnehmungen gesteuert.

- Inspirationen aus der geistigen Welt können klar erkannt und umgesetzt werden.

Bei Disharmonie im mentalen Bereich:

- Tritt nicht selten eine spirituelle Überheblichkeit auf, in der geglaubt wird, man überblicke alles und habe alles „im Griff".

- Man möchte gedankliche Kontrolle über andere ausüben.

- Das Geschehen von außen wird verzerrt und kann nicht mehr korrekt betrachtet werden.

- Destruktives Denken nimmt zu.

- Die Gedanken kreisen immer wieder um bestimmte Probleme.

- Man wird kopflastig, ohne vom Herzen inspiriert zu werden.

- Ein starkes Hängen an weltlichen Vorschriften und Ideen bleibt bestehen.

- Die Realität wird verkannt, da sie die liebgewonnenen Vorstellungen stört.

- Das Misstrauen gegenüber den Mitmenschen und der geistigen Führung nimmt zu.

- Nicht selten wird dieses Zentrum von alter Magie blockiert, was die Funktionen extrem einschränkt und eine klare Wahrnehmung verhindert. Man spricht im Volksmund dann gerne davon, „jemand habe ein Brett vor dem Kopf"; tatsächlich aber ist in den vielen Fällen einer Wahrnehmungsblockierung eine alte Magie die Ursache. Auch intensive Vorstellungen, wie die Dinge abzulaufen haben, erlauben nicht die Wahrnehmung der Realität. Alles wird in die Form gezwängt, die sich das mentale Vorstellungsbild vorgibt.

Für die Vorbereitung auf die neue Zeit wird dieses Energiezentrum in besonderer Weise für die hellsichtige Wahrnehmung vorbereitet:

- Alles Sein wird auf einer höheren Ebene erkannt.

- Der telepathische Kontakt zu Wesenheiten in anderen Dimensionen wird deutlich wahrgenommen werden.

- Die Aura der Mitmenschen wird gesehen und kann in enger Verknüpfung mit dem Herz-Zentrum erkannt und erlebt werden.

- Über dieses Energiezentrum kann die Verbindung zu den Seelen aufgebaut werden, die bereits in die geistige Welt vorausgegangen sind. Es kann in Harmonie mit der Führungsebene immer Kontakt aufgenommen werden. „Und der Tod wird nicht mehr sein!" Die Tore in das sogenannte Jenseits werden immer geöffnet bleiben.

- Ebenso ist der Kontakt zu höchsten Engelwesen möglich, die den Menschen, vor allem am Anfang der neuen Zeit, beim Aufbau einer neuen Gesellschaft, eng zur Seite stehen.

- Im weiteren Verlauf der Entwicklung wird es dem Menschen möglich sein, die Energie der Materie zu durchdringen. Er wird in der Lage sein, Materie zu materialisieren und zu re-materialisieren.

- Der Wille des Höchsten kann wahrgenommen und umgesetzt werden.

Das Scheitel-Zentrum

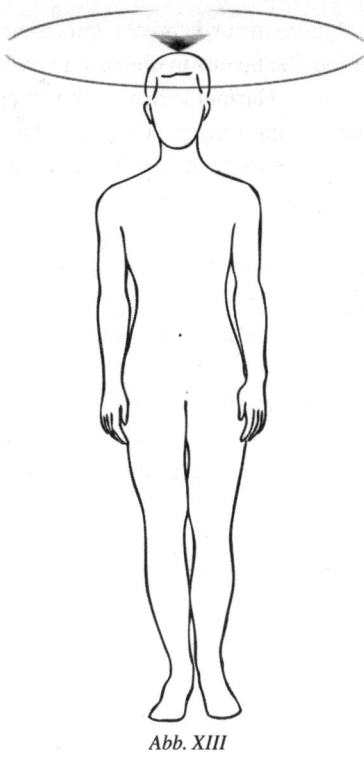

Abb. XIII

Über dieses Energiezentrum verbinden wir uns mit dem Göttlichen.
Über dieses Zentrum ist der Mensch in der Lage, das Reich
Gottes zu erfassen und einzugehen in das Licht der Gottesliebe.
Es kann eine bleibende Verbindung mit den höchsten Ebenen des
Bewusstseins aufgebaut werden. So entfaltet sich das wahre Sein
der Seele in Harmonie mit ihrem Schöpfer.

Über diesem Zentrum sind Blockierungen nicht mehr so häufig anzutreffen; es ist lediglich weniger oder mehr entfaltet.

Zeigen sich Verzerrungen oder Verdichtungen direkt über diesem Energiezentrum, hängen sie in den meisten Fällen mit Magie zusammen. Im alten Ägypten oder in Afrika sowie im Mittelalter wurden Energiekonzentrationen geschaffen, die ganz konkret den Einstrom höherer Energie über dieses Zentrum stören sollten. Nicht selten versuchten diese dunklen Gebilde sogar, in das Energiezentrum einzudringen. Es sollte verhindern, dass der betreffende Mensch geistig inspiriert würde und stattdessen mit der Zeit in eine geistige Verwirrung geriet. Der Bezug zur Realität sollte unterbrochen werden, damit ihm ein Posten genommen oder er seiner beruflichen und geistigen Möglichkeiten beraubt werden konnte.

Glücklicherweise ist die Zeit dieser alten Magie vorüber. Die meisten Probleme ergeben sich durch die Auflösung der alten Gedankenformen, die der „belagerte" Mensch selbst entweder erschaffen oder erlebt hatte oder im Zuge der großen karmischen Transformation auflöst.

Die körperliche Zuordnung des Kronen-Zentrums entspricht:

- Großen Teilen des Gehirns sowie der Zirbeldrüse. Man weiß von der Zirbeldrüse, dass sie das Zeitgefühl beeinflusst und Auswirkungen auf die Geschlechtsreife und die Milchbildung hat.

- Geregelter Schlaf, Aufwachen bei Tagesanbruch durch Lichteinwirkung.

Bei Disharmonie im körperlichen Bereich:

• Kommt es zu entsprechenden Störungen im Gehirn.

• Der innere Rhythmus, die innere Uhr, kann gestört werden.

• Schlafstörungen

• Unfähigkeit, die Realität wahrzunehmen

Im emotionalen Bereich bedeutet ein harmonisches Scheitel-Zentrum:

• Das vollkommene Getragen-Sein aus der geistigen Welt.

• Alles Sein wird inspiriert und durchdrungen von einer höheren Liebe.

• Bewusstsein und Wahrnehmung von Wahrhaftigkeit

• Alle alten Gedankenformen und Energiefelder werden durchdrungen und erkannt; und ihre Ablösung und Befreiung wird eingeleitet.

• Der Mensch fühlt sich getragen und verbunden mit Gott und allem Leben.

Ist das Zentrum noch nicht sehr stark entfaltet:

• Kann sich der Mensch in seiner Wahrhaftigkeit noch nicht erkennen.

- Wird er noch von weltlichen Mustern gelenkt und kann noch nicht wahrnehmen, was der Gotteswille und was sein eigener ist.

- Steuern Ängste noch das Sein, und von den unteren Chakras strömen die reinen Energien der geläuterten Seele noch sehr schwach nach oben.

Im mentalen Bereich zeigt sich:

- Die Erkenntnis wahrhaftigen Seins kann den Menschen durchdringen, und er weiß um die Wahrheit hinter den Erscheinungen.

- Er wird nicht mehr von der Welt der Illusionen gelenkt, sondern vom Schöpferwillen.

Bei Blockierungen im mentalen Bereich:

- Bei noch nicht entfaltetem Chakra kann der Wille Gottes noch nicht wahrhaft integriert werden.

- Der Eigenwille blockiert noch die höhere Liebe und belässt den Menschen innerhalb seiner eigenen gedanklichen Aufbauten.

- Der Mensch hängt fest an übergeordneten Systemen, wie Religionen, Staatssystemen, Vorschriften oder alten Traditionen.

In der neuen Zeit wird dieses Energiezentrum voll entfaltet sein. Es wird in großer Deutlichkeit und Liebe den Willen Gottes übermitteln, und das Bewusstsein des Menschen wird vollkommen geöffnet. Der Mensch wird in der Lage sein, den Eigenwillen dem höheren Willen zu unterstellen und von diesem inspiriert und gelenkt zu werden.

Die Verbindung zum Höchsten wird über dieses Energiezentrum verstärkt, und die Liebe, die dem Menschen auf seinem Weg Halt und Führung gibt, kann ungehindert fließen.

Informationen, wie das weltliche Leben ganz in die Liebe Gottes gelegt und aus dieser Liebe heraus gelebt werden kann, wird vom Menschen aus den höheren Ebenen aufgenommen. Als innere Wahrnehmung wird der einzelne Mensch mit seinen Mitmenschen das gleiche Gefühl erleben, das gleiche Wissen erlangen, was das Richtige ist. Die Menschen werden sich nicht mehr am Eigenwillen orientieren und für die Erfüllung ihrer persönlichen Bedürfnisse eintreten, sondern das Bemühen gilt der Verwirklichung des göttlichen Willens.

IV. CHAKRAS UND DIE AKTIVIERUNG DER WANDLUNGS- UND SELBSTHEILUNGSKRÄFTE

Mit speziellen Übungen und Gebeten kann man den Energiefluss in den Chakras besonders anregen und um deren Befreiung und Entfaltung bitten. Die Gebete zentrieren die Absicht und den Wunsch, um den man die höheren Kräfte bittet. Wird eine Bitte konkret geäußert, kann sie auch entsprechend von der geistigen Führung umgesetzt werden.

Auch ist es wichtig, sich nicht unter Stress zu setzen, indem etwas in den Meditationen erwartet wird. Damit wird nur eine mentale Anspannung ausgelöst, die den wahren Fluss der Energien blockiert.

Man sollte sich bewusst machen, mit seinen Übungen die Energie-Zentren nicht einfach öffnen zu wollen oder gar zur Öffnung zu zwingen. Das fällt noch unter die Energien der bestehenden, also zu überwindenden Zeit, und wird daher vom Eigenwillen beeinflusst. Ebenso kann der Körper nicht gezwungen werden, auf Nahrung zu verzichten, um sich nur noch von Lichtenergie zu nähren, wenn er dazu noch nicht vorbereitet ist. Kein Mensch ist in der Lage, den Umfang der Wandlung auf allen Ebenen zu erfassen; er sollte stets seiner Führung vertrauen.

So kann es sein, dass sich beispielsweise das Solarplexus-Zentrum verschlossen hat, da sich eine fremde Wesenheit mit einschleichen möchte, mit welcher der Mensch in alten Zeiten einst zu tun hatte. Das System wirkt mit seiner Intelligenz und verhindert sofort eine Energieaufnahme, auch wenn dies bedeutet, dass es dadurch nicht nur zu emotionalen Schmerzen, sondern auch zu einer körperlichen Erkrankung kommen kann.

Nun wird auf energetischer Ebene und mit Hilfe der geistigen Führung eine Lösung versucht, durch welche eine Befreiung erfolgen kann. Das dauert mitunter eine gewisse Zeit und kann sehr unangenehm werden. Die geistige Führung behält dabei immer einen vollständigen Überblick. Sie weiß genau, wann welche Energien transformiert werden müssen und in welchen Ebenen fremde Wesen abgeholt werden können. Kein Mensch weiß genau, in welche Ebene ein Wesen gebracht werden muss. Niemals sollte ein Wesen einfach ins Licht geworfen werden. Was ist denn das Licht? Wo soll das sein? Ein Wesen, welches die Liebe in sich noch erarbeiten muss, leidet grausame Schmerzen, wenn es in eine Ebene geworfen wird, die sehr lichtvoll ist. Der Mensch, der dies einleitet, ist für die Schmerzen des Wesens verantwortlich und muss die energetischen Verwirrungen, die daraus entstehen, ebenfalls wieder auflösen.

Nur die Engel wissen, wohin ein Wesen gehört. Nur in der Bitte an diese lichtvollen Wesen kann eine liebevolle und wahrhafte Ablösung erreicht werden. Es ist immer sehr schön, wenn man darum bittet, dass die Energien aufgelöst werden, bei denen man selbst mithelfen kann. Jedes Wesen darf jedoch in die Hände der Engel gegeben werden.

Im Zuge des derzeitigen großen karmischen Auflösungsprozesses kann es immer wieder geschehen, dass man mit Wesenheiten zu tun hat, die sich in ihrer emotionalen Verwirrung an Menschen hängen. Nicht selten sind es auch Seelenabspaltungen von Erdenmenschen, die vor langer Zeit die irdische Ebene verlassen haben und noch nicht fähig sind, diese loszulassen. Die bereits in den jenseitigen Ebenen verweilende Seele kann nicht weitergehen, wenn noch ein Teil von ihr in Erdnähe verhaftet ist. Es ist mitunter eine große Freude, wenn einem solchen abgespaltenen Seelenteil der Heimweg ermöglicht wird. Doch auch hier wissen die Engel und Führungswesen genau, in welche Sphäre der Teilbereich einer Seele sich begeben kann oder ob er noch in einer bestimmten Ebene geläutert und gereinigt werden muss.

Geht nun ein „Therapeut" oder „Heiler", der ein verschlossenes Chakra erkennt, so vor, dass er versucht, es gewaltsam zu öffnen, kann die Situation erst wirklich unangenehm und langwierig werden. Den dunklen Kräften werden die Tore geöffnet, zwar aus Unwissenheit, aber dennoch aus eigenem Willen, und eine mühevolle Zeit der Wandlung ist die Folge.

Deshalb ist es sehr wichtig, das Geschehen immer der göttlichen Führung zu übergeben. Keine eigenwilligen Handlungen oder gar alte Rituale sollten vollzogen werden, die in den meisten Fällen nur die alten Dämonen herzitieren und diese nähren. Können Situationen nicht mehr verändert werden, sollte man sich mit ihnen aussöhnen. Der Strom des Verzeihens löst die emotionalen und mentalen Fesseln; ein dauerndes Wiederkäuen der Probleme blockiert nur den Heilungsstrom.

Die Zeit des Eigenwillens auf dieser Erde neigt sich dem Ende zu. Innerhalb der neuen Energien dieses wundervollen Planeten können sich nur jene Menschen aufhalten, die sich wirklich der Liebe Gottes öffnen und welche bereits ein bestimmtes Maß an Liebe in sich tragen, unabhängig von Herkunft, Religion oder Zugehörigkeit.

Bei der Öffnung für die neuen Energieströme ist es auch wichtig, nicht nur irgendwelche Worte zu verinnerlichen oder durch ständiges Vorsprechen bestimmte Wünsche zu einer Gedankenform zu gestalten. Wahrhaftigkeit ist wichtig, denn wenn das alte Karma oder die innerlichen Programme oder Erziehungsmuster nicht aufgelöst sind, nützt es überhaupt nichts, sich einzureden, sie seien nicht vorhanden. Es würde nur eine Überlagerung erfolgen, aber keine wirkliche Klärung. Die lichtvollen Energien der neuen Zeit können nur dann strömen, wenn der Mensch sein Energiefeld geklärt hat und frei ist von eigenwilligen Mustern. Doch manchem inneren Teilbereich, der mitunter in früheren Inkarnationen alten eingeprägten Vorstellungen geglaubt hat, kann man nicht einfach vom Verstand aus sagen: „Das glaubst du in Zukunft nicht mehr, das tust du nicht und das fühlst du nicht!" Erst wenn dieser innere Teil ebenfalls zur Erkenntnis gelangt ist und aus freiem Willen diese Felder loslassen kann, erfolgt ein wahrhaftes Ablösen.

In früheren Zeiten war der Mensch als Individuum meist beträchtlich geringer ausgeprägt als heute. Er hielt sich fest an bestimmten sozialen Vorstellungen, gewann Halt durch religiöse Vorschriften und fühlte sich in seiner kleinen Welt von weitgehend starren Richtlinien geborgen. Daher fällt es vielen Menschen mitunter sehr schwer, sich von solchen Seelenteilen zu lösen, da sie sich danach erst einmal für eine Weile in einem Zustand der Haltlosigkeit befinden. Diese Haltlosigkeit wird heutzutage von vielen Menschen gefühlt und als eigene Charakterschwäche betrachtet. Doch es ist nur die Wahrnehmung eines inneren Teiles, der sich gerade von einem alten Muster befreien kann. Leider ereignet sich sehr oft eine Identifikation mit den Gefühlen, die aus alten Zeiten, von Teilbereichen des Menschen, an die Oberfläche und zur Verarbeitung *vor* und in der Folge *in* das Solarplexus-Zentrum strömen. Im nächsten Kapitel werden diese Vorgänge eingehender behandelt.

Viele Menschen lösen zurzeit sehr viel Karma auf. Es hat den Anschein, als bliebe nicht mehr viel Zeit und die geistige Führung löste im Menschen in kurzer Zeitfolge sehr viele Karma-Verarbeitungen aus. Dies lässt bei vielen das traurige Gefühl aufsteigen, irgendwie nicht in der Liebe oder gar von Gott vergessen worden zu sein. Doch das genaue Gegenteil ist der Fall. Mit großer Liebe und Hilfe seitens lichter Wesen werden dem Menschen die alten karmischen Schulden zur Auflösung gegeben, damit er sich befreien und seinen Weg in eine neue Zeit gehen kann.

Man darf nicht vergessen, dass viele Menschen meist bis in das letzte Vorleben hinein immer noch mehr Karma aufgehäuft statt abgebaut haben und ein Bewusst-Werden und Erkennen erst im jetzigen Leben eingesetzt hat. Dies ist ein globales Geschehen und hat auch mit der inzwischen kollektiv stärker geöffneten Wahrnehmung zu tun. Noch bis vor kurzem waren die Bewohner dieses Planeten in den einzelnen Inkarnationen durch ihr Karma sehr beschränkt.

Heute erlaubt das „globale Dorf" allen Erdenbewohnern Besuche in all den Länder, in denen vielleicht noch alte abgespaltene Teilbereiche auf ihre Erlösung warten. Es können karmische Prozesse in Bewegung gesetzt werden, die auf weit zurückliegende Inkarnationen zurückgehen. Alt-Ägyptische Magie, schwarz-magische Blockierungen aus dem alten Atlantis, Opferungen in alten Kulturen oder blutige Kulthandlungen sowie Eide und Schwüre warten daher noch auf ihre Auflösung. Das Wissen um weltgeschichtliche Zusammenhänge erreicht heute fast jeden Menschen und kann ihn auf seinem Erkenntnisweg und bei der Aufarbeitung von altem Karma unterstützen.

Auch von gesellschaftlichen, familiären oder religiösen Vorschriften, die im energetischen Bereich ebenfalls hochwirksame Kraftfelder darstellen, soll eine Ablösung erfolgen. Viele solcher Prägungen wirkten sich zwar eine Weile sogar positiv für den Menschen aus, meist jedoch negativ, da sie aus Machtstreben und Unterdrückung herrühren und nicht wirklich *für* den Menschen geschaffen wurden.

In der neuen Zeit benötigt der Mensch keinen äußeren Vorschriften mehr. Er fühlt in seinem Inneren genau, was die Ethik verlangt, welche Handlungen in Harmonie mit dem Schöpferwillen schwingen und welche Vorgehensweisen für die Gemeinschaft am sinnvollsten sind. Wer in diesem neuen Denken lebt, wird von der geistigen Welt geleitet und inspiriert.

Das mag sich vielleicht in den heute existierenden Wirren der Welt noch seltsam und vielleicht sogar utopisch anhören, doch ist es klar auf dem geistigen Weg der Menschheit vorgezeichnet und wird sich auf der Erde ereignen.

Mit den nachfolgenden Übungen und Gebeten kann sich der Mensch stärker den Energien der neuen Zeit zuwenden. Sie sind Vorschläge und Hinweise und können, je nach Empfinden, individuell verändert werden. Es handelt sich um keine starren Richtlinien, sondern um Möglichkeiten, wie man sich mit den höheren inneren Energien verbinden kann. Es entsteht somit keine kollektive Kraft, sondern eine individuelle Hinwendung an den persönlichen Heilungsstrom. Dies ist ein wichtiger Weg, denn jeder Mensch soll seine eigene geistige Führung erleben und sein Inneres selbst auf den göttlichen Strom ausrichten können.

Es geht in den Übungen im eigentlichen Sinne um das Loslassen – und nicht um das Tun. Wohin der Eigenwille den Menschen bringt, kann man inzwischen überall auf diesem Planeten erkennen. Heute geht es darum, den Willen Gottes herauszufinden und ihn umzusetzen. Es geht um Hinwendung, Bewusstwerdung und Geschehenlassen.

In besonderer Weise sind diese Gebete und Übungen auf den dreifachen Schöpferstrom ausgerichtet, der den Menschen zurzeit in Form von

- Bewusst-Sein
- Gebet und
- Segensbitte

unterstützt. Dies sind drei wichtige Transformationsenergien, die uns gegenwärtig zur Verfügung stehen.

Alle Menschen, die sich in ihrem Inneren dem Göttlichen zuwenden, bauen gemeinsam ein ganz spezielles Schwingungsfeld auf. Je stärker dieses Schwingungsfeld wird, umso mehr stärkt diese gemeinsame Kraft den Einzelnen in seinem Streben nach Höherem.

So können Menschen, die sich noch intensiv innerhalb der karmischen Prozesse befinden, von diesem Kraftfeld, das aus der gemeinsamen Hinwendung an die Liebe entsteht, gestärkt werden.

Auch die Vereinigung von männlichen und weiblichen Aspekten ist ein wichtiges Ziel dieser Meditationen. Es ist besonders in der jetzigen Zeit wichtig, diese beiden Pole zu harmonisieren. Das Auflösen der harten Dualität stellt ein Ziel der energetischen Arbeit dar. In der neuen Zeit wird es die Dualität, in Form eines Gegenübers, nach wie vor geben, doch in einem erhöhten Zustand. Man könnte sagen, dass der Mensch wieder in einen „paradiesischen Zustand" überwechselt.

Es wird durch das gemeinsame Wirken vieler ein Kraftfeld aus Liebe und Licht erzeugt, das von der geistigen Welt mit großer Hingabe unterstützt wird. Jedes einzelne Bemühen um Frieden, um Liebe zu Gott und den Mitmenschen, stärkt dieses große Energiefeld der neuen Zeit. So kann durch Gebete sogar erreicht werden, dass verkrustete Energien und Blockierungen, die der Mensch in der Ausbeutung des Planeten Erde erschaffen hat, aufgelöst werden, damit Mutter Erde sich nicht durch Katastrophen gewaltsam von diesen befreien muss.

Doch auch hier sollte man sich bewusst machen, dass es nicht der Mensch ist, der Heilung oder Segen erreichen kann. Es ist stets die Kraft Gottes, die eine Wandlung bewirkt. So kann auch der Mensch nicht segnen, er kann nur um den Segen (Segensbitte) bitten. Es ist stets der Segen des Höchsten, der über ein Wesen oder einen Menschen ausgegossen werden kann, niemals der eines Menschen. So sprach Jesus stets: „Der Herr tut die Dinge durch mich!" Der Mensch kann auch nicht heilen, er darf nur Kanal sein für die Heilungsenergien oder das auslösende Moment, um im Mitmenschen dessen eigene Heilkraft zu aktivieren.

Noch ist das Ego schnell zur Stelle und übernimmt gerne die Situationen. Es will sich stärken und brüsten, will seine Energie erhöhen und Kontrolle ausüben. Deshalb sollte auch in der Zeit der Wandlung sorgfältig auf diese Regungen geachtet werden. Dadurch wird der Eigenwille immer mehr auf das Höhere ausge- richtet und benötigt keine Energie mehr durch Aktionen des Egos; denn er fühlt, dass er bereits alles in sich enthält und ein Teil des Ganzen ist. Er wird getragen von der Liebe und muss sich nicht he- rausstellen, um von irgendwoher Energie und Liebe zu erhalten. Er wird souverän und unabhängig von äußeren Einflüssen und kann fortan als Kanal für den Willen Gottes dienen.

Wenden wir uns nun den speziellen Übungen und Gebeten zu, die es ermöglichen, die entsprechenden Zentren und Energien in die Harmonie mit dem Schöpferstrom zu bringen.

Die Silber-Zentren

Diese beiden Lichtwirbel sind in keiner Weise mit karmischen Belastungen behaftet. Sie schwingen rein in der Christus-Energie und werden von ihr durchdrungen, um den Menschen in seiner Befreiung und Umwandlung zu unterstützen. Sie sind ein wichtiges Bindeglied für den Einstrom des Christus-Lichtes in die physische Ebene.

Dennoch sind teilweise Blockierungen vorhanden, die das Öffnen der Wirbel noch nicht zulassen können. Dies sind meist Anhaftungen an alte Gebote und Vorschriften, die Prägungen von Gehorsam, von Schuldübernahme, von Minderwertigkeit oder Selbstverleugnung zeigen, in vielen Fällen eng gekoppelt mit kollektiven Feldern. Dass sich zurzeit sehr viele Bindungen und Fehlprägungen über der Nabelgegend zeigen, ist sicherlich der Grund, warum das untere Silber-Zentrum gerade hier wirksam wird. In Verbindung mit der Energie des Herzens wird dann die Auflösung von Verdichtungen erreicht.

Die geistige Führung kann gebeten werden, die zu verarbeitende Energie hier zur Auflösung zu bringen und die meist unbewussten Teilbereiche des Menschen zu berühren, damit auch diese aus freiem Willen auf ihrem Weg ins Licht weiterschreiten können. Auch wenn das eine Phase der schmerzlichen Verarbeitung einleitet, kann diese als wichtiger Schritt für den weiteren Weg angenommen werden.

Es ist wichtig, sich immer wieder bewusst zu machen, dass der Mensch sich durch die Energien der neuen Zeit immer mehr von Vorschriften oder Zwängen befreien wird. Er wird sich nicht mehr an weltliche Vorgaben halten oder diesen nachleben, wenn er sie nicht als Wahrheit oder intuitive Erkenntnis in seinem Inneren wahrnimmt. Das erscheint nur kurzzeitig schwierig, bis sich manche inneren Prägungen wandeln können. Vielleicht kommt man sich sogar für kurze Zeit verloren vor, jedoch nur bis man erkannt hat, dass der Halt nicht mehr vom Irdischen, sondern aus dem Geistigen gegeben wird; dass die innere Führung jedes Einzelnen den Weg kennzeichnet und nicht mehr äußere Zwänge, Muster oder gar Verbote.

Man mag dann glauben, dass dies zu einem Chaos führen wird, doch genau das Gegenteil ist der Fall. Würde das Leben wie bisher vom Eigenwillen bestimmt, dann wäre das Chaos sicher unvermeidbar, aber nicht, wenn die geistige Führung angenommen wird. Mit ihrer Hilfe erkennt jeder Mensch den wahren Weg, die Wahrheit und das eine Ziel. Alle Menschen werden in der Zukunft auf dieser Erde dem einen Ziel entgegenstreben – auf dem Weg zurück ins LICHT. Somit spüren alle Menschen in sich die gleiche Führung und streben dem gleichen Ziel entgegen. Hat ein Mensch mit irgendetwas Probleme, spüren das alle Mitglieder seiner Gemeinschaft, und im gemeinsamen Bemühen wird Abhilfe angestrebt. Alle Wesen schwingen zusammen, was eine große Hingabe und Liebe erzeugt. Es ist heute noch kaum vorstellbar, mit welcher Liebe die Menschen in der Zukunft zusammenleben werden. Es wird eine gute Zeit werden! Deshalb ist es wichtig, sich den Anforderungen des Jetzt zu stellen, nicht in die Zukunft abzuschweifen, sondern an der Aufgabenbewältigung, die sich jetzt noch zeigt, aktiv teilzuhaben. Im Hier und Jetzt verankert, wird der Mensch ganz natürlich an der Zukunft teilhaben.

Die nachfolgenden Übungen helfen nicht nur bei der Hinwendung an die Energien der neuen Zeit über die Energiezentren sowie bei der Auflösung von Blockierungen und karmischen Ablagerungen, sondern sie haben auch direkten Einfluss auf die Körperhülle, insbesondere auf das Nervensystem. Viele Menschen befinden sich durch die vielen energetischen Verarbeitungen und

Umwälzungen in einem Zustand chronischen Stresses. Die Ent-Stressung durch den Parasympathikus des Nervensystems funktioniert kaum noch. Es besteht dauernd eine erhöhte Anspannung, und es kommt zu Störungen im Herz-Kreislauf-System, bei der Verdauung, im Stoffwechsel und im Immunsystem. Dazu können Schlafstörungen und stete Unruhe auftreten. Dies hängt in vielen Fällen nicht nur mit den eigenen Verarbeitungen zusammen, denn im Umfeld jedes Menschen kann man erleben, dass die meisten Freunde und Bekannte sich ebenfalls in einer Verarbeitungssituation befinden. Die negativen Emotionen und Begierden erlangen zeitweise die Oberhand und müssen und können dadurch erkannt und umgewandelt werden. Nicht nur persönliche, sondern auch familiäre oder übergeordnete Systeme sind im Wanken, mit allen Menschen, die sich darin befinden. Ganze Astralschichten werden teilweise in der Nacht zur Umwandlung gebracht, was mit enormen Energieschwankungen und großer Unruhe einhergeht.

Ein weiteres aktuelles Phänomen ist die Veränderung der Körperstrukturen. Alle Zellen des Körpers werden bei den Menschen, die sich auf die Energie der neuen Zeit einstellen können, in einen erhöhten Schwingungszustand gebracht. Die einstrahlende Energie ist eine lichtvollere und mit den höheren Welten intensiv verbundene Energie, auf die sich der Körper jedoch erst einstellen und anpassen muss. Dies ist mitunter ebenfalls anstrengend und kraftraubend.

Die folgenden Übungen unterstützen das Streben nach höheren Werten, nach mehr Ruhe, Kraft und Frieden. Man weiß heute, dass jene Nervenzellen im Gehirn, die öfters benutzt werden, sich verstärken und vermehren. Es werden durch die aktive Benutzung von Nervenzell-Netzwerken Gene aktiviert, vor allem Nervenwachstumsgene, die viel benutzte Netzwerke stabilisieren. Es tritt eine emotionale und mentale Stärkung ein.

Setzen Sie sich entspannt auf einen Stuhl mit Lehne oder legen Sie sich auf eine bequeme Unterlage. Vermeiden sie das Kreuzen der Beine, wie etwa im Yogi-Sitz, da dies den Energiefluss über die Beine zu Mutter Erde behindert. Das Ein- und Ausströmen soll ohne persönliche Zentrierung oder Abtrennung von der Gesamtheit frei fließen können. Alle Blockierungen sollen aufgelöst werden, damit die höheren Energien eintreten können. Vermeiden Sie im Sinne dieser Übungen auch jegliche Fingerstellungen, wie beispielsweise das Berühren der Fingerkuppen, da auch dies Energie zentriert und sie nicht frei fließen lässt. Auch sollten die Handflächen nicht nach oben zeigen, da durch diese Übung weder Energie über die Handflächen aufgenommen noch abgegeben wird.

Sorgen Sie dafür, dass Sie möglichst nicht gestört werden.

Schließen Sie die Augen. Dies fördert die stärkere Hinwendung nach innen.

Atmen Sie dann einige Male ruhig ein und aus.

Halten Sie die Hände gefaltet, vorzugsweise mit verschränkten Fingern über der Magengegend. Dies verbindet in besonderem Maße die beiden Hirnhälften. Vertrauen Sie hier Ihrem Gefühl und legen Sie die Hände dort auf den Leib, wo es Ihnen am besten erscheint.

Sprechen Sie dann, wenn Sie möchten, das nachfolgende Gebet.

Gebet für die Silber-Zentren

Höchste Schöpferkraft, wir bitten Dich von Herzen um Deinen Schutz und Deinen Segen.
Wir bitten Dich um Öffnung dieser beiden Licht-Zentren, damit Deine Liebe durch die Christus-Kraft unser Innerstes durchdringen kann.
Wir bitten Dich um Auflösung vorhandener Blockierungen, damit die Christus-Kraft, die diesen beiden Wirbeln ihre Kraft und Liebe verleiht, frei flie-ßen kann.
Wir sind bereit für Verarbeitungen und bitten Dich, die Bereiche in uns zu berühren, die sich Dir noch nicht öffnen konnten, damit sie mit Deiner Liebe durchdrun-gen werden.
Wir danken Dir für Deine Liebe und erbitten Deinen Segen.

Atmen Sie dann einige Male tief in den Unterbauch ein und wieder aus. Machen Sie sich bewusst, dass sie beim Einatmen die Liebe Gottes aufnehmen und beim Ausatmen alle Ihre Sorgen in Liebe abgeben können.

„So werfet alles auf mich!", sprach Gott durch Jesus.

Wenn es in Liebe und Demut übergeben wird, ist dem Menschen die Hilfe Gottes gewiss.

Versuchen Sie, sich vollständig loszulassen und spüren Sie, wie Ihre Füße, Beine, Unterleib, Bauchraum, Brustraum, Arme, Hals und Kopf sich langsam entspannen.

Geben Sie sich vollkommen dem Schöpferstrom hin.

Haben Sie Vertrauen und lassen Sie alles los. Vielleicht können Sie die Lichtwärme des Silbers spüren, wenn es in Ihrem Körper aktiv wird.

Verweilen Sie so für zehn Minuten oder auch länger, so wie es Ihrem Empfinden entspricht.

Achten Sie auf die Vorgänge in Ihrem Inneren. Vielleicht entsteht zuerst große Unruhe. Bleiben Sie dann ganz ruhig, vertrauen Sie sich der Christus-Kraft an und warten Sie einfach, bis die Spannung abgebaut ist. Versuchen Sie, die Liebe zu fühlen, die in diesem Moment in Sie einströmt, und versuchen Sie dann, dankbar diesen Kraftstrom anzunehmen.

Atmen Sie ruhig, und lassen Sie den Atem fließen.

Es ist wichtig, dass Sie ganz nach dem Empfinden ihres Inneren handeln. Ihre geistige Führung weiß am besten, was gut für Sie ist. Natürlich sollte man besonders in der jetzigen intensiven Zeit der Verarbeitung von eigenwilligen Teilbereichen darauf achten, dass das Ego dem Menschen keine Streiche spielt. Wenn der Einzelne wahrhaft bemüht ist, wird die innere Führung ihm schnell aufzeigen, falls er einer Täuschung unterliegen sollte.

Wenn Sie das Gefühl haben, aufhören zu wollen, dann beenden Sie diese Meditation oder Hinwendung.

Atmen Sie dann noch einige Male tief ein und aus. Öffnen Sie die Augen. Danken Sie Ihrer geistigen Führung und auch Ihrem Körper, der ebenso mithilft, verspannte und vom Menschen geprägte Energien zu verarbeiten und loszulassen.

Da sich über dieses Zentrum sehr deutlich Schockerlebnisse und Verbindungen in kollektive Felder zeigen, wird die geistige Hinwendung während eines Gebetes diese Hintergründe berühren. Das Hara ist das Zentrum für die Mitte des Menschen, hier erlangt er nicht nur die Verbindung zu Gott und verwandelt den Eigenwillen zum Gotteswillen, sondern dies ist auch der Bereich, über den der Mensch seine Mitmenschen unterstützen kann, sich ebenfalls aus karmischen Banden und kollektiven Feldern zu lösen.

Setzen oder legen Sie sich wieder bequem hin und sorgen Sie dafür, dass Sie möglichst nicht gestört werden.

Atmen Sie einige Male tief ein und aus. Über den Atem ist der Mensch mit der fließenden Lebenskraft verbunden. Schließen Sie die Augen.

Bei dieser Meditation werden beide Hände leicht unterhalb des Bauchnabels nebeneinander auf den Bauch gelegt, die Handflächen zum Bauch, die Daumen berühren sich leicht.

Entspannen Sie nun die Füße, die Beine, den Unterleib, den Bauchraum, den Brustraum, Arme, Hals und Kopf. Fühlen Sie, wie Ruhe und Frieden in diese Körperregionen strömen.

Gebet für das Hara-Zentrum

Gott, unser Schöpfer, wir geben uns vertrauensvoll in
Deine Hände und erbitten Deinen Schutz und Segen.
Wir bitten Dich von Herzen um die Reinigung des
Hara-Zentrums in unserer Mitte.
Bitte durchdringe es mit Deiner Liebe und Deiner
Wandlungskraft.
Wir bitten Dich um Auflösung aller
Energieverzerrungen, die wir uns auf unserem
Lebensweg zugezogen haben.
Bitte löse uns ab von allen Bindungen dieser Welt, die
nicht von Deiner Liebe getragen sind.
Wir sind bereit, auch bittere Verarbeitungen anzuneh-
men, da sie uns dem Ziel, hin zu Dir, näher bringen.
Bitte segne all unser Tun und stärke uns auf dem Weg
in Dein Licht.
Von Herzen danken wir Dir für Deine Liebe.

Bleiben Sie einige Minuten ruhig und entspannt liegen. Lassen Sie es einfach fließen; tun Sie nichts; lassen Sie alles los. Nur wenn wir den Kelch leeren, kann Gott etwas hineinfüllen. Sind wir im Wollen, haben wir uns nicht für Gott entschieden, sondern für den Eigenwillen. Wenngleich wir Gott aus *freiem* Willen finden sollen, kann es doch nie im Eigenwillen geschehen. Das Sehnen und das Streben nach Gott sind etwas anderes als der Eigenwille, der hart und unnachgiebig seine eigenen Interessen verfolgt. Auch hier weisen uns die Worte Jesu den Weg: „Klopfet an, so wird euch aufgetan."

Atmen Sie immer wieder tief ein und aus und lassen sie dann wieder los.

Es ist möglich, dass eine Welle von Emotionen ins Fließen gerät und Ihr Herz schneller schlagen lässt. Dies kann als Verarbeitung von angestauter Energie betrachtet werden, die sich meist über das Solarplexus-Zentrum bewegt und dann von der Christus-Kraft des Herzens verwandelt wird.

Vielleicht können Sie dann ein zartes Hellblau oder Rosa erkennen oder fühlen, welches die Dualitäten vereinigt, etwa die männlichen und weiblichen Aspekte. Doch projizieren Sie die Farben nicht absichtsvoll. Lassen Sie einfach los, dann wird das Richtige geschehen.

Verweilen Sie auch hier etwa zehn Minuten oder bei Bedarf länger. Dieses Zentrum ist mitunter sehr belagert, und es dauert mehrere Meditationen, bevor sich ein Gefühl der Gottesnähe und Wärme einstellen kann.

Atmen Sie dann noch einmal tief in den Unterbauch ein, bevor Sie die Augen öffnen.

Auch für die Meditationen über die sieben Haupt-Zentren gilt der Grundsatz, das Geschehen einer höheren Kraft zu übergeben. Die Blockierungen sind aus dem „Tun" entstanden, durch den Willen und durch emotionalen Druck. Jetzt heißt es loszulassen und alles dem höheren Willen zu übergeben, der eins ist mit dem Willen Gottes.

Vermutlich musste jeder Mensch im Laufe der Inkarnationen auch die dunklen Seiten des menschlichen Wesens erfahren, welche nur mit einer direkten Konfrontation an die Oberfläche, zur Erkenntnis und zur Verwandlung gebracht werden können.

• Durch Schmerz wird Verkrustetes aufgebrochen.
• Durch innere Wahrnehmung wird die eigene dunkle Wesensseite erlebt.
• Durch erlebte Gewalt kann Vergebung und die Rückkehr zur Liebe erfolgen.
• Durch teilweise heftige Lebenskrisen können alte Verkrustungen zur Auflösung gebracht werden.
• Durch das Sehnen nach der göttlichen Liebe können die Herzensqualitäten ausgebildet werden.

Es ist beim Übergang zu einer neuen Zeit besonders wichtig, aus dem eigenwilligen Handeln herauszukommen und das göttliche Licht fließen zu lassen. Auch kann neue Lebenskraft durch die Meditation aufgenommen werden, um den Menschen in der kommenden Zeit zu stützen. Die Meditationen helfen, Angst aufzulösen und in Vertrauen zu wandeln. Angst hält Trennung und Teilung aufrecht, Liebe hingegen bedeutet Vertrauen und die Annahme der göttlichen Energie.

Verstreute Seelenanteile werden durch die Meditationen ebenfalls zur Reintegration angeregt, da sie über Energienetze oder Verbindungsfasern noch immer mit dem Menschen verbunden sind. Persönlichkeitsausrichtungen, die sich noch in der Vergangenheit befinden, werden weich und einfühlsam in die Energie der Gegenwart getragen, so wie es die geistige Welt vorsieht. Der Mensch darf konkrete Bitten äußern – und das Licht der geistigen Führung lenkt das Geschehen in der genau richtigen Art und Weise.

Setzen oder legen Sie sich wieder bequem hin und sorgen Sie dafür, dass Sie möglichst nicht gestört werden.

Atmen Sie einige Male tief ein und aus. Schließen Sie die Augen.

Bei dieser Meditation werden beide Hände rechts und links des Körpers auf der Außenseite an den Beginn der Oberschenkel gelegt. Durch diese Haltung wird das Wurzel-Zentrum durch die Verbindungsenergie über die beiden kleinen Hand-Chakras berührt.

Entspannen Sie nun die Füße, die Beine, den Unterleib, den Bauchraum, den Brustraum, Arme, Hals und Kopf. Fühlen Sie, wie Ruhe und Frieden in diese Körperregionen strömt.

Gebet für das Wurzel-Zentrum

Höchste Liebeskraft, wir geben uns vertrauensvoll in Deine Hände und erbitten Deinen Schutz und Segen.
Wir bitten von ganzem Herzen um Harmonisierung des Wurzel-Zentrums.
Bitte lasse die Urkraft, die alles trägt, nach Deinem Willen durch uns strömen.
Bitte hilf uns, in eine liebevolle Verbindung mit Mutter Erde zu treten und schenke uns die Liebe für das Leben.

*Bitte durchlichte mit Deiner Liebe unseren Körper und
stärke ihn in den Wirren dieser Zeit des Umbruchs.
Von Herzen danken wir Dir und bitten Dich um Deinen
Segen.*

Verweilen Sie wieder zehn Minuten oder mehr, und lassen Sie die Energien fließen – einfach nur Loslassen und Geschehen-Lassen. Vielleicht erscheinen Farben, die Hauptfarbe Rot dieses Zentrums, oder es werden mit Hilfe der geistigen Führung Blockaden gelöst, die sich in trüben oder dunklen Tönen zeigen werden. Lassen Sie schmerzhafte Gefühle los und haben Sie Vertrauen, dass Sie behütet sind und alles geführt wird.

Erst durch das Gebet und die Hinwendung an die göttliche Führung, die dem freien Willen des Menschen entspricht, können Heilengel, unsere Schutzengel und die vielen Helfer der geistigen Welt jene Unterstützung geben, um die der Mensch bittet. „Bittet, so wird euch gegeben!"

Atmen Sie ruhig ein und aus, auch wenn das Herz kurzzeitig schneller zu schlagen beginnt, da die Christus-Kraft im Herz-Zentrum Energie transformiert. Warten Sie, bis die Turbulenzen sich wieder gelegt haben und Sie ein Gefühl der Ruhe in sich spüren.

Atmen Sie dann einige Male tief ein und aus und öffnen Sie die Augen.

Versuchen Sie, das Gefühl von Dankbarkeit und Liebe in sich zu spüren.

Setzen oder legen Sie sich wieder bequem hin und sorgen Sie dafür, dass Sie möglichst nicht gestört werden.

Atmen Sie einige Male tief ein und aus. Schließen Sie die Augen.

Bei dieser Meditation für das Milz-Zentrum legen Sie die linke Hand über das Herz und die rechte Hand links neben den Bauchnabel. Ihre Hand wird sich automatisch auf die richtige Stelle legen. Haben Sie Vertrauen in Ihre innere Führung. Die Hand über dem Herzen gewährt die Verbindung zur Christus-Kraft, die über das Herz-Zentrum fließt; die rechte Hand berührt das zu befreiende Zentrum.

Entspannen Sie nun die Füße, die Beine, den Unterleib, den Bauchraum, den Brustraum, Arme, Hals und Kopf. Fühlen Sie, wie Ruhe und Frieden in diese Körperregionen strömen.

Gebet für das Milz-Zentrum

Höchste Schöpferkraft, aus ganzem Herzen bitten wir Dich um Schutz und Führung in dieser Meditation.
Wir bitten Dich mit unserer ganzen Hingabe um innere Führung und Umwandlung aller Belastungen, die das Milz-Zentrum überschatten.
Bitte hilf uns, alle die Bindungen zu lösen, welche uns mit den Prägungen der menschlichen Welt verknüpfen.
Bitte gib uns Sicherheit und das wache Bewusstsein, Deine Wege von der Dunkelheit zu unterscheiden, und erfülle uns mit Deiner Weisheit.
Von Herzen danken wir Dir für Deine Liebe und erbitten Deinen Segen.

Hier kann es mitunter sogar zu einer Art Übelkeit kommen, wenn sich Blockierungen lösen, da sie sofort auf das Solarplexus-Zentrum übergehen und dort auf den Magen schlagen. Bleiben Sie ganz ruhig, wenn dies eintritt, und vertrauen Sie auf die weise und kraftvolle Führung durch ihr Inneres.

Nach etwa zehn Minuten, oder sobald Sie wieder Ruhe in sich fühlen, atmen Sie noch einige Male tief ein und aus und öffnen dann die Augen.

Auch bei dieser Meditation kann es geschehen, dass sie ein direktes Gefühl für dieses Zentrum gewinnen und sogar körperlich die energetischen Bewegungen spüren. Doch auch wenn die Wahrnehmungen nicht eintreten, erreichen Sie durch diese Meditation, die mit bittendem Herzen gesprochen wurde, in jedem Fall eine energetische Veränderung und einen stärkeren Hilfsstrom aus der geistigen Welt.

Setzen oder legen Sie sich wieder bequem hin und sorgen Sie dafür, dass Sie möglichst nicht gestört werden.

Atmen Sie einige Male tief ein und aus. Schließen Sie die Augen.

Bei dieser Meditation wird die linke Hand wieder über das Herz gelegt und die rechte Hand über den Magen.

Entspannen Sie nun die Füße, die Beine, den Unterleib, den Bauchraum, den Brustraum, Arme, Hals und Kopf. Fühlen Sie, wie Ruhe und Frieden in diese Körperregionen strömen.

Lassen Sie alles los und vertrauen Sie dem Strom der Energien, welche von Ihrer Führung gelenkt werden.

Gebet für das Solarplexus-Zentrum

Gott, in Deiner allumfassenden Güte bitten wir Dich
von Herzen um Deinen Schutz und Deine Liebe.
Bitte lasse Deine Engel an unserer Seite wirken und segne uns alle mit Deiner Liebe.
Wir bitten Dich um Kraft in den Wirren dieser Zeit und wünschen uns das Gefühl Deiner Nähe.
Wir streben von ganzem Herzen danach, unseren Beitrag leisten zu können für die Umwandlung auf diesem Planeten, für uns selbst und für andere.
Wir bitten Dich von Herzen um Klärung des Solarplexus-Zentrums, damit die alten Emotionen verarbeitet werden und wir den Weg Deiner Liebe erkennen können, damit sich alte Illusionen auflösen und die Wahrheit einkehrt.

Bitte stärke in uns das Gefühl der Führung und sende
uns Deinen Segen und Deine Geborgenheit.
Von Herzen danken wir Dir für Deine unermessliche
Liebe.

Auch hier kann es zu Beginn der Meditationsübungen (dies lässt jedoch nach einigen Sitzungen nach) zu Unruhe und sogar Übelkeit kommen. Lassen Sie auch dann einfach los und vertrauen Sie. Sollten sich während dieser Meditation ganz bestimmte Gefühle oder Bilder zeigen, ist es sinnvoll, diese in einer getrennten Betrachtung noch einmal durchzuarbeiten. Manchmal ist eine Erkenntnis notwendig oder vielleicht ein Verzeihen angebracht, wenn sich alte Ereignisse des Lebens nochmals zeigen, oder es gibt in anderer Hinsicht noch etwas zu erledigen. Nehmen Sie jeden Hinweis dankbar an und betrachten Sie ihn nicht als Störung. Bedanken Sie sich ruhig, im Wissen, sich später darum zu kümmern, und setzen Sie die Meditation fort.

Verdrängte Probleme oder alte Sorgen und Ängste kommen an die Oberfläche, um aufgelöst zu werden. Vielleicht arbeitet aber auch das Ego anfangs gegen diese Meditationen und versucht, Sie mit listigen Gedanken und Emotionen davon abzubringen. Dann ist auch diese Erkenntnis wichtig und kann Ihnen helfen, das Ego in die Ausrichtung der Liebe und den Willen Gottes zu bringen. Fühlen Sie sich von ihm getragen und von seinem Segen erfüllt.

Wenn Sie sich so weit fühlen, atmen Sie wieder einige Male tief ein und aus und öffnen Sie die Augen.

Setzen oder legen Sie sich wieder bequem hin und sorgen Sie dafür, dass Sie möglichst nicht gestört werden.

Atmen Sie einige Male tief ein und aus. Schließen Sie die Augen.

Bei dieser Meditation werden beide Hände nebeneinander auf die Brust gelegt, die Fingerspitzen zeigen Richtung Hals und die kleinen Finger berühren sich leicht. Die rechte Hand über dem oberen Silber-Zentrum, die linke Hand über dem Herz-Zentrum.

Bereits beim Auflegen der Hände können Sie vielleicht schon spüren, wie ein ganz besonderer Energiekreislauf in Bewegung kommt, der Ihnen Liebe und Wärme vermittelt.

Entspannen Sie nun die Füße, die Beine, den Unterleib, den Bauchraum, den Brustraum, Arme, Hals und Kopf. Fühlen Sie, wie Ruhe und Frieden in diese Körperregionen strömen.

Gebet für das Herz-Zentrum

*Vollendete Schöpferkraft, wir bitten Dich aus ganzem
Herzen um Deinen Schutz und Deine Führung.
Bitte erfülle uns mit der Gnade Deiner Wandlungskraft
und durchdringe unser ganzes Sein mit Deiner Liebe.
Wir schenken Dir unser ganzes Herz und bitten Dich
um die Verwandlung unserer Unvollkommenheiten.
Bitte stärke unser Herz, damit es erstrahlt in der
Weisheit Deiner Liebe.
Voller Hingabe lassen wir alles los und übergeben uns
Deiner Führung.
Bitte hilf uns, mit dem Strom der Christus-Kraft unser
ganzes Sein zu läutern und zu durchdringen.*

Wir bitten Dich um Deinen Segen und danken Dir von
Herzen für Deine Liebe.

Wenn die Energien durch dieses Zentrum fließen, kann es vorkommen, dass der Körper diese Liebesenergien mit Tränen beantwortet – Tränen der inneren Dankbarkeit. Das Fließen dieser Liebeskraft erhöht die Schwingung im Körper, und das Fließen der Tränen ist auch ein Zeichen dafür, dass die physische Hülle sich an diese hohen Energien anpasst und den Energiestrom mit Tränen beantwortet. Dies ist ein gutes Zeichen.

Verweilen Sie auch hier zehn Minuten oder länger, und atmen Sie noch einige Male tief ein und aus. Die Aufnahme der Herz-Energie kann besonders lange nachschwingen.

Es ist das Ziel des weiteren Weges, diese Energie nicht nur in den Meditationen zu empfangen, sondern ständig aufzunehmen. Dies führt den Menschen zu einer intensiven Verbindung mit den göttlichen Energien und erlaubt ihm, stets den Willen Gottes zu empfangen und von seiner Liebe spürbar gehalten zu werden.

Die noch lieblosen Wesensaspekte oder negativen Energiefelder versuchen besonders intensiv diese Verbindung des Menschen zu stören, doch wird sie sich bei einem geistig strebenden und liebevollen Menschen weiter festigen, bis sie in der Zukunft immer weniger gestört werden kann.

Auch wenn Sie sich vielleicht noch relativ oft außerhalb einer Schwingung des Vertrauens und der Ruhe befinden, verzagen Sie nicht, sondern arbeiten Sie weiter an ihren Aufgaben und bleiben Sie in der täglichen Ausrichtung auf die Schöpferkraft.
Öffnen Sie nach Abschluss dieser Meditation mit einigen kräftigen Atemzügen wieder die Augen.

Setzen oder legen Sie sich bequem hin und sorgen Sie dafür, dass Sie möglichst nicht gestört werden.

Atmen Sie einige Male tief ein und aus. Schließen Sie die Augen.

Bei dieser Meditation wird die linke Hand wieder über das Herz gelegt und die rechte über den vorderen Halsbereich.

Entspannen Sie nun die Füße, die Beine, den Unterleib, den Bauchraum, den Brustraum, Arme, Hals und Kopf. Fühlen Sie, wie Ruhe und Frieden in diese Körperregionen strömen.

Gebet für das Hals-Zentrum

*Höchste Schöpferkraft, wir bitten Dich von Herzen um
Deinen Schutz und Deine Führung.
Wir bitten Dich in tiefer Demut um Befreiung und
Neuorientierung des Hals-Zentrums.
Bitte unterstütze uns in der Ablösung von alten
Anhaftungen und führe uns in die Verbindung
mit Deiner Liebe, in der wir uns Dir und unseren
Mitmenschen mit offenem Herzen nähern können.
Wir bitten Dich um Schutz für unseren hinteren
Halsbereich, dass nur einkehren darf, was zu uns gehört, und weichen muss, was sich nicht in Deiner Liebe
befindet.
Bitte unterstütze uns in der Wahrnehmung der
Wirklichkeit Deiner Liebe und lasse uns die Wahrheit
hinter den Erscheinungen erkennen.
Aus tiefstem Herzen danken wir Dir und erbitten
Deinen Segen für uns und unsere Mitmenschen, ebenso*

wie für das Tier- und Pflanzenreich, für Mutter Erde
und für alles Leben auf diesem Planeten.

Es kann bei dieser Meditation zu Beginn geschehen, dass es sich anfühlt, als würden Klöße aus dem Hals kommen oder würgende Energien zum Husten reizen. Lassen Sie all dies geschehen, es ist ein Zeichen, dass sich vorhandene Blockierungen auflösen. Die Liebe wird Sie schützen. Bleiben Sie voller Vertrauen. Es gibt nichts, wovor man sich ängstigen muss, wenn man sich im Schutz des Göttlichen befindet. Lassen Sie alles Geschehen einfach zu.

Diese Erscheinungen müssen sich allerdings nicht zeigen. Vielleicht werden Sie sogleich von einem Gefühl tiefer Liebe zu Ihren Mitmenschen und zu allem Leben durchdrungen. Seien Sie sich der Liebe Gottes gewiss und atmen Sie diese Liebe tief in sich ein.

Atmen Sie noch einige Male tief ein und aus, und öffnen Sie dann die Augen.

Setzen oder legen Sie sich wieder bequem hin und sorgen Sie dafür, dass Sie möglichst nicht gestört werden.

Atmen Sie einige Male tief ein und aus. Schließen Sie die Augen.

Bei dieser Meditation wird die linke Hand wieder über das Herz-Zentrum gelegt, die rechte Hand über die Stirn und Augenbrauen.

Entspannen Sie nun die Füße, die Beine, den Unterleib, den Bauchraum, den Brustraum, Arme, Hals und Kopf. Fühlen Sie, wie Ruhe und Frieden in diese Körperregionen strömen.

Gebet für das Stirn-Zentrum

*Gott-Vater, wir bitten Dich in Deiner unendlichen
Liebe um Schutz und Führung für diese Meditation.
Wir bitten Dich von ganzem Herzen um die Kraft
Deiner Gegenwart.
Bitte erfülle uns mit Deiner Weisheit und der klaren
Wahrnehmung, die Illusion von der Wirklichkeit zu unterscheiden.
Wir bitten Dich um die Gabe der geistigen Erkenntnis,
damit wir uns in großer Kraft auf den Weg zu Dir begeben können.
Bitte löse die Blockierungen über dem Stirn-Zentrum,
damit es sich in freier Entfaltung Deiner Liebe nähern
kann.
Wir bitten Dich in besonderer Weise um den Segen
für all die Menschen, denen es noch schwer fällt, sich
Deiner Liebe zu öffnen.
Bitte führe uns in den Wandlungen dieser Zeit und sei*

uns im Übergang Halt und Wegweiser, damit wir auch
anderen Menschen innerhalb der großen Verwandlung
eine Stütze sein können.
Aus tiefstem Herzen danken wir Dir für Deine Liebe
und bitten Dich um Deinen Segen.

Lassen Sie geschehen, was geschehen möchte. Geben Sie sich vollkommen den Energien hin, die sich Ihnen zeigen werden. Alles ist frei, alles ist offen, jeder Mensch ist anders, und es wird sich das Richtige für jeden Suchenden einstellen.

Es ist hier besonders wichtig, immer wieder tief ein- und auszuatmen, damit die lichtvolle Energie, die sich in dieser Meditation einstellen kann, alle Bereiche des materiellen und des astralen Körpers durchdringen kann. Vielleicht können sie eine starke Energie spüren, die ihren ganzen Körper durchdringt. Lassen Sie einfach los, und lassen Sie es geschehen.

Je freier dieses Zentrum wird, desto intensiver können vielleicht Farben oder Schwingungen der Liebe empfangen werden. Kleine Lichtpunkte reiner Energie können sich entfalten und hellblaue, weiße oder leicht violette Flammen das Zentrum umfließen. Vertrauen Sie auf Ihre innere Führung und seien Sie sicher, dass diese Farben strömen, auch wenn sie am Anfang nicht wahrgenommen werden.

Atmen Sie noch ein paar Mal tief ein und aus und öffnen dann die Augen.

Setzen oder legen Sie sich wieder bequem hin und sorgen Sie dafür, dass Sie möglichst nicht gestört werden.

Atmen Sie einige Male tief ein und aus. Schließen Sie die Augen.

Bei dieser Meditation wird die linke Hand wieder über das Herz-Zentrum gelegt und die rechte auf das Schädeldach.

Entspannen Sie nun die Füße, die Beine, den Unterleib, den Bauchraum, den Brustraum, Arme, Hals und Kopf. Fühlen Sie, wie Ruhe und Frieden in diese Körperregionen strömen.

Gebet für das Scheitel-Zentrum

Höchste Schöpferkraft, wir bitten Dich von Herzen um Deinen Schutz und Deine Führung.
Voller Vertrauen und Demut legen wir unser ganzes Sein in Deine Hände.
Bitte hilf uns, die eigenwilligen Bereiche unseres Wesens in Deine Liebe zu wandeln.
Bitte unterstütze uns in der Wahrnehmung Deines Willens und stärke die Verbindung zur Weisheit Deiner Führung.
Wir bitten Dich um Erkenntnis, welchen Weg wir einschlagen sollen, damit wir in Deiner Liebe schwingen.
Hilf uns bitte, alles Blockierende loszulassen, damit Deine Liebe alles durchdringen kann und wir wieder ein Teil von Dir werden.
Wir bitten um Deinen Segen und danken Dir aus ganzem Herzen für Deine Führung.

Bereits nach einigen Meditationen kann man hier mitunter eine goldene Energie wahrnehmen, die von oben in das Energiesystem einströmt und alle Zentren und Energieschichten durchdringt. Diese goldene Kraft durchflutet alle Ebenen, reinigt und läutert all die Energie, die innerhalb der freien Hinwendung an den göttlichen Strom umgewandelt werden kann.

Manchmal zeigt sich zu Beginn der Übungen ein gewisser Kopfdruck, der sich zum einen dadurch ergibt, dass eine höhere Energie die Körperhüllen durchdringt, zum anderen können sich noch vorhandene eigene oder fremde Schichten wehren und ihre gesamte Energie mobilisieren, damit eine Auflösung verhindert werden kann.

So wie die erhöhte Lichtstrahlung auf der Erde die planetarische Dunkelheit offenbart, so bringt das Licht im persönlichen Energiesystem noch vorhandene Blockierungen an die Oberfläche.

Lassen Sie sich auch hier führen. Seien sie bereit für alles, was sich ergibt und vertrauen Sie Ihrer Führung. Alles ist geschützt in der Liebe des Höchsten.

Lassen Sie sich für dieses Zentrum besonders viel Zeit.
Atmen Sie einige Male tief ein und aus und öffnen dann die Augen.

Versuchen Sie zu empfinden, dass sich zurzeit viele Menschen auf diesen Weg in die göttliche Liebe begeben, ob sie meditieren oder nicht, ob sie diesem oder jenem Glauben angehören, ob sie frei sind oder noch alte Prägungen überwinden müssen.

Alle Menschen sind über die Hinwendung an den Ewigen Geist miteinander verbunden und bauen gemeinsam ein kraftvolles Energiefeld auf. Versuchen Sie zu empfinden, wie sie sich innerhalb dieser Kraft geborgen fühlen, und seien Sie zuversichtlich für die Zukunft, was auch immer der Übergang vielleicht noch für Härten bringen mag. Es lohnt sich und ist die einzige Möglichkeit, den Weg ins Licht zu erreichen.

Diese Meditation umfasst alle Energiezentren gleichermaßen, die Silber-Wirbel, das Mittel-Zentrum, die sieben großen Energiezentren sowie die vierundzwanzig kleinen.

Es lohnt sich dennoch, zuerst die Energie-Zentren einzeln durchzuarbeiten, da sich dadurch die Blockierungen in den Einzel-Meditationen besser auflösen können.

Setzen oder legen Sie sich wieder bequem hin und sorgen Sie dafür, dass Sie möglichst nicht gestört werden.
Atmen Sie einige Male tief ein und aus. Schließen Sie die Augen.
Bei dieser Meditation legen Sie beide Hände locker neben ihren Körper.
Entspannen sie nun die Füße, die Beine, den Unterleib, den Bauchraum, den Brustraum, Arme, Hals und Kopf. Fühlen Sie, wie Ruhe und Frieden in diese Körperregionen strömen.

Gebet für die Harmonisierung aller Energie-Zentren

Unendliche Schöpferkraft, wir bitten Dich mit allen Fasern unseres Seins um Deinen Schutz und Deine Führung.
Bitte durchdringe unser ganzes Wesen mit Deiner unendlichen Liebe und lasse die Kraft des Bewusstseins, des Gebetes und der Segensbitte kraftvoll in uns fließen.
Bitte lasse den Strom Deiner Heilung und Führung die kleinste Faser unseres Seins durchdringen und schenke uns Kraft auf all unseren Wegen.

Wir bitten Dich um die Ablösung von allem Negativen,
das uns noch beeinflusst, sowie um die Umwandlung
all der Energieblockaden, die wir in unseren unge-
stümen Versuchen, das Leben und Dich zu begreifen,
errichtet haben.
Wir übergeben Dir unser ganzes Sein und bitten Dich
um Klärung und Wandlung.
Alles Geschaffene bereitet sich auf die große
Veränderung vor. Wir bitten Dich um Schutz und
Führung in der Zeit der Wandlung. Zeige uns bitte das
Tor, durch das wir schreiten können, um an Deiner
Seite zu verweilen.
Von Herzen danken wir Dir und erbitten Deinen Segen
für uns und alles Leben.

Innerhalb dieser Meditation bewegen wir bewusst den Atem in die verschiedenen Energiezentren.

Atmen Sie einige Male tief ein und aus und lenken Sie dann beim Einatmen die Kraft des Atems in das Wurzel-Zentrum. Atmen Sie die Lebenskraft über den Atem dreimal in das Wurzel-Zentrum ein und entlassen Sie beim Ausatmen alle Spannungen wieder mit der ausgeatmeten Luft.

Atmen Sie dann dreimal in die Zone um den Bauchnabel. Beim Einatmen atmen Sie Vitalität und Heilung ein und beim Ausatmen Spannung und Ängste aus.

Wiederholen sie dies beim Milz-Zentrum. Dreimal ein und aus.

Als nächstes atmen Sie in das Solarplexus-Zentrum dreimal ein und aus. Lenken Sie nur leicht das Geschehen und empfinden Sie sich mehr als Beobachter.

Dann gehen Sie zum Herz-Zentrum. Versuchen Sie, beim Einatmen die Liebe zu fühlen und beim Ausatmen die Dankbarkeit des Loslassens und Übergebens von Spannungen.

Anschließend gehen Sie zum Hals-Zentrum. Atmen Sie die seit

Ewigkeit frei fließende Kraft Gottes ein und lassen Sie beim Ausatmen alle Ängste los.

Atmen Sie dann weiter in das Stirn-Zentrum und als nächstes in
das Scheitel-Zentrum. Hier atmen Sie besonders Entspannung und
Ruhe ein. Lassen Sie beim Ausatmen dann alle Spannungen los.

Geben Sie Ihrem Atem genügend Zeit und lassen Sie ihm seinen
eigenen Rhythmus.

Sollten sich innerhalb dieser Übung an einer Körperstelle Schmerzen entwickeln, legen Sie eine Weile die linke Hand auf Ihr Herz
und die rechte Hand auf die entsprechende Stelle. Dies ist nicht selten der Magen, da hierüber viele Emotionen aufgenommen werden,
oder das Herz, welches aktiv wird, wenn die Christus-Energie die
Verdichtungen auflöst.

Lassen Sie sich führen, und vertrauen Sie ganz auf Ihr Inneres.
Niemand weiß besser, was für Sie gut ist, als Ihr Inneres. Es ist
der Weg der Zukunft, sich am eigenen Inneren zu orientieren und
nicht mehr an äußeren Dingen.

Gott wünscht sich die Einheit allen Seins, und wenn jeder auf
diese inneren Impulse hört, wird alles dieser Einheit entgegenstreben. Es wird keine Konflikte geben, da alle die gleiche gute
Energie für diesen Weg und die Hinweise, diesen Weg zu erreichen, in ihrem Inneren fühlen werden. Sich in der Liebe Gottes
zu bewegen, heißt nicht, die Persönlichkeit aufzugeben oder sich
gar aufzulösen in der Liebe. Ganz im Gegenteil kann das wahre
Wesen, die tatsächlichen inneren Bedürfnisse, gefühlt werden, die
nun nicht mehr vom Ego beeinflusst sind. Das Göttliche wird dem
dankbaren Menschen liebevoll jeden Wunsch erfüllen. Es soll ihm
an nichts mangeln, und die Fülle in allen Ebenen wird sich einstellen.

Lassen Sie sich für diese Übung vielleicht fünfzehn Minuten Zeit.

Atmen Sie dann noch ein paar Mal tief ein und aus und öffnen Sie die Augen.

Versuchen Sie, die tiefe Liebe zu empfinden, die Sie durchdringt. Bleiben Sie ruhig noch eine Weile liegen oder sitzen, und fühlen Sie die Kraft, die sich in Ihnen zeigt. Dankbarkeit, Vertrauen und Liebe kann den Menschen durchdringen und ihn stärken und stützen auf seinem Weg in die neue Zeit.

V. ENERGIEAUSTAUSCH ÜBER DIE CHAKRAS

Zurzeit befinden sich so viele Menschen auf der Erde wie noch nie zuvor in dieser Entwicklungsepoche. Es stellt sich die Frage: „Wo kommen alle diese Seelen her? Werden sie alle in die nächste Ebene der Entwicklung mitgehen können? Werden sie alle erhöht und können den Aufstieg in die Liebe der neuen Zeit schaffen?"

Es genügt ein Blick auf die Entwicklung der Weltbevölkerung, um festzustellen, dass früher beträchtlich weniger Menschen inkarniert waren. In der Steinzeit lebte nur ein Bruchteil der heutigen Menschheit auf dieser Erde. Das hat nicht nur damit zu tun, dass die Zeitspannen zwischen den Inkarnationen länger waren, sondern es hängt mit der tatsächlichen Anzahl der Seelen zusammen, die seit Anbeginn dieser Entwicklungsepoche ihren Rückweg über die Erdenschule nehmen.

Von diesen vielen Seelen, die sich im Laufe von Jahrtausenden gemeinsam einer höheren Daseinsebene annäherten, werden etliche den Schritt in die neue, lichtvolle Zukunft gehen können.

Doch die Gründe, warum sich Seelen gerade in dieser Zeit der Wandlung inkarniert haben, sind überaus vielfältig.

Die Aufgabe, welche die Erde als Heimstatt der rückkehrenden Seelen aus den nieder-astralen Sphären übernommen hat, wird in der Zukunft von einer anderen Ebene, einem anderen Planeten, übernommen werden. Dies alles ist bereits in Vorbereitung, und auch die Seelen, welche sich dort inkarnieren werden, wissen bereits um diese neuen Wege. Um zu erleben, wie sich für sie selbst in der weiteren Zukunft ihre eigene Erhöhung zeigen wird, sind eine große Anzahl von ihnen zum jetzigen Zeitpunkt inkarniert. Sie streben bereits der Liebe entgegen, werden jedoch erst in der ferneren Zukunft den Aufstieg erreichen. Es sind, so könnte man sagen, viele Beobachter-Seelen auf der Erde, die durch das Erlebte viel lernen können. Vielleicht werden sie etliche Fehler der heutigen Menschheit in ihrer eigenen Zukunft nicht mehr machen.

Es gibt zudem viele Verkörperte, die sich eigentlich nicht auf der Erde befinden sollten, da sie sich nicht annähernd in dem Entwicklungszustand befinden, den die ursprüngliche Menschheitslinie erreicht hat. Sie befinden sich nur deshalb auf der Erde, da ihr Schwingungszustand, bedingt durch den bestehenden Transformationsprozess, teilweise solche dunklen Formen angenommen hat, dass sie sich darin aufhalten können. Ein Zeugungsakt in Perversion und Lieblosigkeit zieht solche Seelen in diese Erdenwelt, doch sind sie nicht annähernd fähig, sich den Verführungen der dunklen Seite zu stellen. Da sich das Dunkle in dieser Zeit unübersehbar an die Oberfläche drängt, können sie kaum einen Funken der Liebe empfangen. Man kann für diese Seelen beten, damit sie sich nicht im Dunkel der Lieblosigkeit zu sehr verirren und sich somit schweres Karma aufladen. Leider werden solche Seelen sehr stark von der dunklen Seite missbraucht, da sie noch keine Kraft haben, sich auf die Seite des Guten zu stellen.

Weiter befinden sich auch viele sogenannte Außerirdische auf der Erde, die zum einen lernen möchten, mit den Versuchungen der lieblosen Seite umzugehen, jedoch auch miterleben möchten, wie sich die Erhöhung eines ganzen Weltkörpers mit allen Schichten und Sphären zeigt. Es sind Wesen, die sich auf anderen Planeten entwickeln und eigentlich nur deshalb als „außerirdisch" bezeichnet werden, weil sie den Erkenntnisweg nicht auf der irdischen Ebene angetreten haben. Sie sind jedoch genauso unsere Brüder und Schwestern im Geiste wie alles Leben in Gottes

Schöpfung. Da sich auf anderen Planeten die Entwicklungsebenen teilweise ebenfalls stark unterscheiden, können Seelen mit ganz unterschiedlichen Ausrichtungen anwesend sein.

Es befinden sich auch Brüder und Schwestern des Lichtes auf dieser Erde, deren Seelen in solcher Liebe schwingen, dass sie der Erde und ihren Wesen viel Gutes für diese Zeit des Umbruchs geben können. Sie helfen mit, den Übergang so sanft und liebevoll wie möglich zu gestalten und bauen mit den Menschen, die sich für die Erhöhung vorbereiten, einen Kraftstrom aus Liebe auf.

Lichtvolle Seelen aus Sphären, die nicht mit einem Planeten in Bezug gebracht werden können, sind ebenfalls anwesend und helfen mit ihrer Liebe und teilweise großem irdischen Einsatz mit, den Weg ins Licht zu bereiten. Ihr Wirken ist ein wundervolles Geschenk und eine große Hilfe in dieser Zeit des Wandels.

Solchermaßen unterstützt, können die Menschen vertrauensvoll und zuversichtlich im Hier und Jetzt die Verwandlung erleben. Man kann sich von den Geschehnissen des Alltags führen lassen und wahrnehmen, welche Aufgaben sich dem Menschen zeigen. Ist er bereit für seine persönliche Transformation, schwingt er im Zeitgeist und kann von der Liebe getragen werden. Wehrt er sich gegen die Verarbeitung karmischer Belastungen oder möchte er nicht das Wirken von Teilbereichen in sich wahrhaben, die sich noch im Eigenwillen befinden, können die Situationen sehr schmerzhaft und kritisch werden. Die Abwehr und der Widerstand gegen den Verarbeitungsstrom kann sich bei starken Seelen zu massiven Problemen entwickeln, die im Grunde nicht notwendig sind. Doch auch hier kann der Mensch erkennen, dass er sich noch im Eigenwillen befindet und mit Bereichen seiner Selbst die Wahrheit Gottes noch nicht annehmen kann.

Es ist wichtig, sich immer wieder bewusst zu machen, dass der Mensch aus vielen verschiedenen Seelenbereichen „zusammengefügt" ist. So können im Menschen Teilbereiche enthalten sein, die sich durch schmerzhafte und angsterfüllte Erlebnisse derart verzerrt haben, dass sie sich der Führung Gottes nur schwer anvertrauen können. Andere Bereiche des Menschen schwingen bereits in solcher Liebe zum Höchsten, dass sie als wichtige Kraftfelder für den Menschen dienen können.

Der Mensch sollte jene Teile, die noch zu lernen haben, liebevoll annehmen und sich nicht von ihnen abwenden. Sie sind ein Teil der eigenen Seele. Man sagt immer wieder, man solle nicht in die Vergangenheit gehen, sondern im Hier und Jetzt die sogenannte Realität wahrnehmen. Das ist schon richtig, doch wenn sich Teile des persönlichen Selbst noch in der Vergangenheit befinden, kann man nicht die Augen verschließen, sondern muss in das Muster der Vergangenheit kurzzeitig eintauchen, damit die Bereiche die alten Erfahrungswerte loslassen können. Es ist gar nicht immer wichtig, genau zu wissen, was in der Vergangenheit geschehen ist, doch es ist unerlässlich, die alten Prägungen zu erkennen.

- Schwingt der Seelenteil noch in alten Ängsten?
- Ordnet er sich alten Gesetzen unter?
- Wird er noch von den Vorstellungen alter Glaubensidentifikationen in Schuld oder Selbstverleugnung gehalten?
- Wird er von schmerzhaften Erlebnissen noch derart „gefangen" gehalten, dass er sich gar nicht bewusst wird, dass die Situation schon lange vorbei ist?
- Muss er aus der alten Situation noch etwas lernen, das er sich noch nicht angeschaut hat?
- Muss er verzeihen lernen? Dies fällt manchen Teilen besonders schwer.
- Ist es das eigenwillige Streben eines Teilbereiches, sich immer im Alten aufzuhalten, damit er sein eigenes negatives Muster nicht betrachten muss? Habgier, Rechthaberei, Beschuldigun-

gen, Verurteilungen, Suche nach Anerkennung und Lob sind Bereiche, die dahinter stecken können.

- Sucht er Bestätigung im Einhalten alter Richtlinien, damit er sich selbst als brav und ehrbar sehen kann.

Der wichtigste Schritt liegt in der Erkenntnis. Das mag sich schwierig anhören, da viele Bereiche im Unbewussten schwingen und der Mensch kaum fähig ist, alle Wesensschichten zu durchdringen. Doch das ist auch gar nicht nötig. Im Streben nach dem Höheren und im Wunsch nach Verarbeitung und geistigem Fortschritt schwingt der Mensch im Energiefeld der Verwandlung. Die geistige Welt und die persönliche Führung setzt in der Folge alles daran, damit der Mensch genau auf die Bereiche aufmerksam wird, welche verarbeitet werden können. Die geistige Führung weiß exakt, wann die inneren Energien entsprechend vorbereitet sind, um genau jene Bereiche auszurichten, die ausgerichtet werden können. Ist der Mensch wachsam bezüglich der Emotionen, die in seinem Inneren vorgehen, und bezüglich der äußeren Konfrontationen, ist er immer auf guten Wegen, und es stehen ihm genau die richtigen und wichtigen Energien zur Verfügung, die er für die entsprechenden Aufgaben benötigt. Wenn auch in der jetzigen Zeit der großen Wandlung manchmal das Gefühl entsteht, man könne mit dem Entwicklungstempo nicht mehr Schritt halten, so darf man doch sicher sein, dass alles genau seinen richtigen Weg nimmt.

Bleibt man wachsam, versucht die Machenschaften seines Egos zu durchdringen und lässt sich voller Vertrauen führen, wird alles gut.

Man kann klar erkennen, dass sich gerade eine Situation ereignet, die mit einem selbst zu tun hat, wenn Gefühle in einem entstehen, die sich meist schmerzhaft bemerkbar machen. Verursacht die erlebte Situation keine Gefühlsschwankungen, ist man emotional neutral, hat sie als Aufarbeitung auch nichts mit einem zu tun. Man kann vielleicht dennoch wahrnehmen, dass ein Erlebnis so oder so vorhanden ist, doch wird man emotional nicht besonders bewegt. So kann es sein, dass man in einen heftigen Streit gerät, der zwar peinlich und unangenehm wirkt, jedoch nicht primär mit einem selbst zu tun hat. Es kann sich dennoch das Solarplexus-Zentrum zum Schutz verschließen, und vielleicht verstärkt sich sogar die verarbeitende Christus-Schwingung im Herz-Zentrum, um diese Energie zu neutralisieren. Dennoch wird man nicht nachhaltig davon „beein-druckt".

Soll man direkt aus der Situation lernen, wird man meist sofort mit eigenen Emotionen des Zornes, der Verurteilung, der Verletzung oder des Bedürfnisses, den anderen zu bestrafen, überschwemmt. Dann kann man sich bewusst machen, dass das Geschehen mit einem selbst zu tun hat, auch wenn man kein direkter Akteur in dem jeweiligen Geschehen ist.

Nehmen wir das Beispiel einer Frau. Sie erlebte beim Einkaufen, wie eine andere Frau mittleren Alters von ihrem Mann regelrecht emotional niedergewalzt wurde, da sie, wie man lautstark vernehmen konnte, von ihrem Mann des Geldausgebens und der Habgier beschuldigt wurde, was die Familie noch in den Ruin treiben würde. Die so beschimpfte Frau wollte sich eine Jacke kaufen, die sich, in ihrer Wahrnehmung, immer noch in einem akzeptablen Preisrahmen befand. Doch für den Mann war dies wohl bereits zu viel. Er wollte einen solchen Betrag nicht ausgeben. Nun kann es durchaus sein, dass die Frau auch ihren Beitrag zu der heftigen Reaktion ihres Mannes geleistet hatte, doch für unsere beobachtende Zuschauerin sah es so aus, als würde die Frau vollkommen unterdrückt und ihr Mann würde ihr nichts Gutes gönnen. Er beschimpfte sie in aller Öffentlichkeit und versuchte, durch seine lautstarke Darstellung der Verschwendungssucht seiner Frau, emotionalen Beifall von seinen Mitmenschen zu erhalten, wie schlimm es ihm mit dieser Frau ging. Er fühlte sich vollkommen im Recht, und seine Blicke suchten nach Anerkennung in der Umgebung.

Obwohl sie selbst diese Situation nur als Zuschauerin erlebte, entstand in ihrem Emotionalfeld in diesem Moment eine gewaltige Woge des Zornes, bedingt durch die reflektierte Verletzung, die Demütigung und das Ausgeliefert-Sein, welche sie in der wahrgenommenen Situation des Paares gegenüber erlebte. Sie wäre am liebsten auf den Mann losgegangen und hätte ihn verprügelt, versuchte sich jedoch zu beherrschen, da ihr trotz allem bewusst war, was für schwere Folgen Reaktionen im Affekt nach sich ziehen können.

Im tieferen Energiefeld ihrer Aura löste sich durch das Gesehene eine weit verdrängte, konzentrierte Energiestauung auf, welche sich auf die Größe einer Walnuss verdichtet hatte. Im Moment der Wahrnehmung durch die geschilderten Ereignisse schob sich das so verdichtete Energiefeld in den bewussten Erkenntnis- und Auflösungsbereich, also vor das Solarplexus- und Herz-Zentrum, und löste seine Verdichtung auf. Es erlangte eine Größe, die das komplette Gefühlsfeld der Frau einnahm und sich dort festsetzte, vom Halsbereich bis zum Nabel. Düstere Energiewolken drängten sich in die vordere Aura der Frau. Ihr Solarplexus-Zentrum verschloss sich sofort, und das Herz-Zentrum war nur noch einen Spalt breit geöffnet. Ihr Hara-Zentrum dunkelte sich ein, und die Schwingungsfelder verzerrten sich immer mehr. Es war ihr über einen langen Zeitraum nicht mehr möglich, wieder ihre innere Ruhe zu finden. Immer wieder wurde sie eingeholt von den quälenden Emotionen und den Gedankenbildern.

Was war in ihr geschehen?
In einer früheren Inkarnation befand sich diese Frau in einer ähnlichen Situation. Sie war gänzlich abhängig von ihrem Mann, wurde von ihm kurz gehalten, und er lud all seine negativen Emo-

tionen bei ihr ab. Sie wurde geschlagen und vergewaltigt, wenn er getrunken hatte. Doch sie konnte der Situation in dem damaligen Leben nicht entfliehen, sie wusste nicht, wo sie hingehen und wovon sie leben sollte. Sie hatte Angst vor ihren Mitmenschen und wollte als gute Ehefrau dastehen. Deshalb ertrug sie die Beleidigungen und Demütigungen, was jedoch zu einer extremen emotionalen Anspannung in ihrem Inneren führte.

Nach vielen Jahren mit diesem Mann entwickelte ihr Körper daher eine tödliche Krankheit, damit sie dem Leben entfliehen konnte. Doch all die angestauten Schmerzen und ihren inneren Zorn nahm sie unverarbeitet mit.

Als sie nun das Vorgehen des Mannes in ihrer jetzigen Gegenwart gespiegelt bekam, doch vor allem ihre inneren Gefühle wahrnahm, wie die Frau sich wohl fühlen musste, wurde sofort ihr altes Feld aktiviert, und sie befand sich im gleichen Gefühlszustand wie in ihrem früheren Leben mit ihrem eigenen Mann.

Durch dieses Erlebnis, durch diese Widerspiegelung im gegenwärtigen Äußeren, konnte sie an ihre alten, abgedrängten Blockierungen gelangen und sie allmählich verarbeiten. Dies klärt die Gegenwart und reinigt die Aura. Solche inneren Blockaden verbrauchen eine Menge Energie und lassen die höheren Kräfte reiner Liebe nur schwer fließen.

In den folgenden Tagen versuchte die Frau, mit viel Liebe, Vergebung und Zuwendung die Gefühle in ihrem Inneren zu durchdringen. Ihr war klar, dass die Gefühle, die sie in sich wahrnahm, auch ihre eigenen waren und keine fremden. Sie ließ sich nicht irreführen durch das Gefühl, einen solchen Hass dürfe man nicht in sich tragen, sondern stand aufrichtig zu den Empfindungen, die sich in ihrem Inneren zeigten. Sie löste sich von den alten Erziehungsmustern von Sünde und Strafe, wenn man solche Gefühle hegte, und war bereit, vor allem die Angst zu überwinden, die sich dahingehend zeigte, von ihren Mitmenschen verurteilt und bewertet zu werden. Sie fühlte genau, dass sie nur Gott allein Rechenschaft ablegen musste und nur mit ihm ihre Probleme lösen könnte. Es gab zwar niemanden in ihrer jetzigen Umgebung, der sie verurteilen wollte, doch die alte Angst aus dem Mittelalter vor den Mitmenschen, die verurteilt, verbannt und verflucht hatten und nicht selten zur Selbstjustiz griffen, saß noch tief in ihr. Es dauerte Wochen, bis sie wieder Frieden in sich fühlen konnte, sich selbst vergab und ihre Umgebung wieder in Liebe betrachten konnte. Die Aura in ihrem Brustbereich klärte sich, die Chakras öffneten sich und strahlten in stärkerer Liebe und intensiverem Licht als zuvor.

Ein weiterer Faktor im Energieaustausch zwischen den Chakras ist das Streben nach Ausgleich und Harmonie. Dies ist eine energetische Gesetzmäßigkeit und ist in verschiedener Hinsicht zu beobachten.

Im zwischenmenschlichen Bereich kann dies in sehr unangenehmer Weise von Menschen ausgenutzt werden, die sich von der Energie anderer Menschen ernähren. Sie sind teilweise regelrechte „Vampire", die statt Blut Energie aufsaugen. Ihr komplettes System ist darauf programmiert, alle unbewussten Prozesse zu aktivieren, die ihnen im Gegenüber zur Verfügung stehen, um Energie zu erhalten. Auch Mitgefühl, Mitleid oder Hilfsbereitschaft werden benutzt, um das Gegenüber aufmerksam zu machen und Energie zu erhalten. Das gesunde Ausgleichssystem körperlicher Energien wird missbraucht.

In früheren Zeiten etwa, in einer Großfamilie, konnten sich die Kinder am Abend in der Nähe ihrer Großeltern energetisch harmonisieren, indem sie den Überschuss ihrer jugendlichen Lebenskraft und Vitalität an die älteren Familienmitglieder abgaben und diese gleichzeitig mit dieser wichtigen Energie unterstützten.

Nicht selten kuschelten sich die Kinder am Abend auf den Schoß ihrer Großeltern. Heute ist dies nur noch selten anzutreffen, was natürlich auch bedeutet, dass die Kinder mit einem Übermaß an Energie zurechtkommen müssen. In manchen Altersheimen hat sich gleichfalls ein Mangel an Energie eingestellt, der veranlasst, dass sich ein Besucher innerhalb kurzer Zeit energielos fühlt, da seine Lebensenergie teilweise vom existierenden Feld aufgesaugt wird. Dies ist eine Gesetzmäßigkeit, die einfach akzeptiert werden muss.

„Energie-Vampire" jedoch nutzen dies sehr oft aus und versuchen, ihr Gegenüber zu „öffnen". Es öffnen sich tatsächlich die Zentren und verlieren ihre Energie in das Feld des Gegenübers. Dessen Chakras saugen die Energie auf und stabilisieren ihren Energiehaushalt durch ein solches Vorgehen. In der neuen Zeit werden solche Energie-Raubzüge keinen Platz mehr finden.

Nicht nur Einzelpersonen können einen derartigen „Energie-Raub" durchführen, auch Menschengruppen oder alte Kraftfelder sind in der Lage, die Energie anderer Menschen abzuziehen und für ihre Zwecke zu nutzen. Nehmen wir etwa das massive Feld eines Kaufhauskonzerns, welches durch die Vorstellungen seiner Unternehmer intensiv imprägniert wurde, alle Menschen dazu zu veranlassen, in diesem Kaufhaus einzukaufen. (Kaufhauskonzern hier nur als Beispiel; es sind nicht alle derart energetisiert.) Mit Gedanken des Wunscherfüllens und Wunschweckens, wie beispielsweise „Das steht dir doch zu", oder „Du fühlst dich gut, wenn du hier eingekauft hast", werden Emotionen der Befriedigung durch Kaufen und Haben hervorgerufen, die versuchen, die Menschen zu manipulieren. Dazu benötigen sie jedoch immer wieder Energie, die sie zum einen vom Machtstreben der Besitzer und von den Angestellten, zum größten Teil jedoch von den Menschen bekommen, die sich eigentlich nicht in derartigen Energiefeldern befinden und auch nicht befinden möchten.

Menschen, die von den höheren Energien unterstützt werden, sind besonders gefährdet, in solchen Kaufhäusern ihrer Energie beraubt zu werden. Besonders über die kleinen Fuß-Chakras wird sehr viel Energie in die bestehenden Felder abgeleitet, was schnell zu Schmerzen und schweren Beinen führen kann. Zusätzlich wird das Stirn-Zentrum angegriffen, um die klare Erkenntnis zu trüben, was zu Kopfschmerzen führen kann. Das Energiesystem des Menschen realisiert mit der Zeit diesen Energieabzug und versucht, sich zu schützen. Das Solarplexus- und das Herz-Zentrum verschließen sich und versuchen sich ebenfalls zu schützen, ebenso wie das Wurzel-Zentrum. Dadurch wird der Mensch sehr schnell müde, was ihn darauf hinweisen soll, dass der Energiehaushalt gestört ist. Solche Felder können nur schwer auf Dauer mit Gebeten umgewandelt werden, da sie einem massiven Eigenwillen entspringen und immer wieder neu aufgeladen werden. Man kann solche Hochburgen des „Energie-Vampirismus" jedoch vermeiden und stets wachsam die Reaktionen im eigenen Inneren beobachten.

Es ist in der Ausrichtung auf die höheren Energien jedoch auch jetzt schon zu beobachten, dass neben dem ungesunden Bemühen, unter allen Umständen die Artikel in den Kaufhäusern zu verkaufen, auch eine Energie vorhanden ist, die den Menschen in seiner Entscheidungsfreiheit akzeptiert und mit viel Freundlichkeit und Engagement eine gute Atmosphäre schafft. Dies hängt natürlich mit dem Gedankengut und dem Streben des Eigentümers oder Geschäftsführers zusammen.

Inzwischen wurde sogar ein Fernsehsender ins Leben gerufen, der sich nicht durch ausschließliche Horror-Meldungen in Szene setzt und so die Aufmerksamkeit der Menschen auf sich zieht, sondern der vorwiegend gute Nachrichten bringt, um dem Menschen auch einen anderen Weg aufzuzeigen.

Natürlich kann und soll der Mensch seinen Kopf vor schrecklichen Ereignissen nicht in den Sand stecken, doch hat es sehr unangenehme Auswirkungen, wenn Menschen sich von den negativen Impulsen ernähren, wenn sie sensationslüstern nach Energien wie etwa Brutalität gieren und sich in Verurteilungen über andere Menschen verstricken möchten, um sich selbst gut zu fühlen und ihre eigenen negativen Muster zu stützen.

Über die Energiezentren sind die Menschen untereinander energetisch verwoben. Die geistige Verbindung ist stets vorhanden, deshalb wird den Menschen, sofern er nicht seitens seiner Energiezentren „verschlossen" ist, ein Unglück im Äußeren in gewisser Weise ebenfalls innerlich treffen.

Wie sich die Energien auf der körperlichen Ebene verbinden, kann man daran erkennen, dass sich bei Frauen, die eng zusammenarbeiten, der Monatszyklus so aufeinander einspielt, dass die Periode zur selben Zeit eintritt. Hier haben sich die Schwingungen des Wurzel- und Milz-Zentrums aufeinander eingestimmt. Im Bestreben nach Ausgleich und Harmonie versuchen sie, eine Gemeinsamkeit aufzubauen.

Da manche Menschen in ihrem eigenwilligen Streben die „Macht der gefallenen Welt" aufnehmen und sich kurzzeitig damit brüsten können, scheinen sie dadurch manchmal eine gewisse Stärke zu gewinnen. Die Aggressivität verleiht ihnen Kraft, und ihre Überheblichkeit zeigt sich in ihrer Aura wie dichte Energiewaben. Sie beanspruchen viel Platz um sich herum und „verschlucken" alles, was ihnen in den Weg kommt. Sie ernähren sich von dem Gefühl, über den anderen zu stehen und ihnen ihre scheinbare Überlegenheit vorzuspiegeln. Sie verteilen gezielt energetische Hiebe, die genauso verletzen können wie körperliche Gewalt, und die Betreffenden möchten sich vor solch roher Energie schützen. Sie ziehen sich dann meist zurück, und die Chakras verschließen sich teilweise.

Solche etwas vortäuschenden Menschen sind in ihrem Inneren jedoch sehr schwach. Sie werden nur noch minimal von der göttlichen Energiequelle ernährt und decken stattdessen ihren Energiebedarf bei anderen Menschen. Jene Bereiche im Menschen, die sich auf die Energie der Welt ausgerichtet haben, versuchen, bei Berührung mit der Aura eines anderen Menschen, sofort, auf meist unbewusste Weise, den eigenen Energiebedarf zu decken. Ihre Energiezentren trachten danach, beim Gegenüber Energie abzuholen, was den Mitmenschen mitunter innerhalb von Sekunden schwächen kann. Viele liebevolle Menschen, die sich schon lange nicht mehr auf Kampf einlassen möchten, stehen einem solchen Eindringen etwas hilflos gegenüber. Ihre gutmütige Art wird oft ausgenutzt. Dies kann jedoch auch ein Hinweis darauf sein, dass sie für die Kraft Gottes auch einstehen müssen und konsequent, aber liebevoll, einschreiten sollen.

Viele Menschen wagen sich kaum mehr auf die Straße oder in die Arbeit, ohne bereits im Hinterkopf die Gefahr eines energetischen Angriffs zu befürchten, vor der sie sich schützen möchten. Akzeptanz und Nächstenliebe sind beträchtlich weniger anzutreffen als Dominanz, Machtstreben oder der Willen zu verurteilen. Fast alle Chakras befinden sich somit in einer dauernden Hab-Acht-Stellung, die zu einer chronischen Stresssituation führen kann.

Auch wenn die Auflösung alter karmischer Belastungen Freiheit bringt und wieder mit dem Fluss der göttlichen Liebe verbindet, ist dies dennoch ein anstrengender Prozess, und nicht selten werden diese Lösungsprozesse als äußerst schwierig betrachtet. Dicht gedrängt werden sie von der geistigen Führung angestoßen, was den betreffenden Menschen oft stöhnen lässt. Selbst wenn er in seinem Inneren genau weiß, dass diese Verarbeitungen ein Zeichen der Liebe sind, erfordern sie dennoch ein großes Maß an Vertrauen und die Bereitschaft loszulassen.

Es sind vor allem Mitmenschen und Alltagssituationen, die oft einen entscheidenden Hinweis liefern, wo der Mensch noch an sich zu arbeiten hat. Über die energetische Verbindung, die mittels der Energiezentren geschaffen wird, werden teilweise uralte Belastungen an die Oberfläche befördert.

Dadurch, dass sich alles Alte zurzeit an die Oberfläche des Planeten schiebt, entstehen durch die Resonanz auch die Möglichkeiten der Reaktivierung und somit der Bewusstwerdung und Umwandlung für all die Menschen, die sich eine Befreiung wünschen und den Weg der Liebe gehen möchten. Durch den immer stärker fließenden Einstrom höherer Energien auf den Planeten wird der Mensch immer mehr die Hilfe und die Unterstützung der geistigen Welt tatsächlich fühlen können, was ihn die Verarbeitungen deutlich leichter durchleben lässt.

Man kann im Energiefeld vieler Menschen momentan beobachten, dass sich innerhalb der Körperebene noch bestimmte Bereiche vor den Umwandlungen und Veränderungen fürchten. Sie müssen von Altem ablassen, an dem sie sich über Jahrtausende festgehalten haben, und sich in ein neues, noch unbekanntes Gebiet vorwagen, welches ihnen keine festen und starren Richtlinien mehr vorhält, sondern sie frei und ungezwungen über die höheren Energien leitet. Der Übergang von der alten in die neue Energie, von alter Abhängigkeit in die neue Freiheit des Geistes, erzeugt kurzzeitig ein Gefühl des Nicht-Gehalten-Seins. Dies wird bleiben, bis diese Bereiche fühlen, dass sie jetzt wirklich getragen werden von der Wahrheit und der Kraft Gottes.

In diesen Geburtswehen einer neuen Zeit wollen sich bestimmte Seelenfasern des Menschen noch immer an den alten Erdenergien festhalten, was sich körperlich dadurch äußert, dass der Mensch besonders viel essen möchte, übermäßige Mengen Alkohol zu sich nimmt oder am Rauchen festhält. Diese noch nicht umgewandelten

Bereiche entwickeln teilweise ein intensives Verlangen nach Nahrung, da sie sich darüber „sättigen" und am Leben erhalten und auch ihr Bedürfnis nach Zuwendung über diesen Genuss stillen. Da der Mensch in der heutigen Kulturepoche bedeutend weniger Bewegung hat als in der Vergangenheit, in der er für sein tägliches Brot noch körperlich hart arbeiten musste, hat sich der Stoffwechsel noch nicht wirklich umgestellt, und die Menge des Essens hat sich im Verhältnis zur Bewegung nicht wesentlich verringert. Hinzu kommt noch das Bedürfnis der verängstigten Teilbereiche, was in der Folge sehr schnell zu Übergewicht führen kann.

Es sind zurzeit sehr viele hohe Lichtwesen inkarniert, die mit weit geöffneten Energiezentren und einer strahlenden Aura ihre wundervolle Energie in die Welt senden. Violett und golden funkelt die Aura, über den Chakras sind klare und intensive Farben wahrnehmbar und über dem Herzen strahlt das vollkommene Rosa-Rot der Liebe und das strahlende Blau und Lila göttlicher Hingabe. Ihre Aura sieht manchmal aus, als wäre sie von einem weißen Feuer umgeben. Goldene und silberne Flämmchen tanzen zart darin.

Auf unbewusster Ebene, von manchen Menschen kann dies auch schon bewusst wahrgenommen werden, übermitteln sie eine geistige Botschaft, welche die Verankerung der Liebe auf der Erde im jetzigen Schwingungsfeld stabilisieren soll. Der Einstrom der Christus-Liebe wird immer stärker, und diese Wesen wirken wie Transformatoren. Nicht selten entflammen sie bei ihren Mitmenschen das gleiche Licht weißen Feuers und stabilisieren die globale Energie dadurch.

So kann der Einzelne erleben, dass es ihm in der Gegenwart dieser Lichtwesen, ebenso wie in der Gegenwart von Menschen, die bereits viele ihrer Untugenden auf die höheren Werte ausgerichtet haben, viel leichter gelingt, Aspekte des Höheren zu empfangen, intuitive Impulse zu erleben oder die Liebe im Inneren zu empfinden. Die Energiezentren versuchen, im Gleichklang mit dem Gegenüber zu schwingen, und sie erlangen dadurch selbst eine höhere Schwingungsfrequenz. Ist man dagegen in der Gemeinschaft eines oder gar mehrerer Menschen, die sich noch in den Schwingungen von Verurteilung befinden, sich besser fühlen als ihre Mitmenschen oder ihren eigenen Unmut mit Hader und Beleidigung anderer überdecken wollen, wird man in vielen Fällen von diesen Ausrichtungen gleichsam „überrollt", und ehe man sich versieht, beginnt man selbst zu verurteilen oder über andere herzuziehen. Dann sollte man sich bewusst machen, dass es Teile im Inneren gibt, die noch labil sind oder auf gleiche Weise schwingen. Auch diese Erkenntnis ist ein wichtiger Hinweis, entweder zur Wahrnehmung der Realität oder seines eigenen Inneren.

Alle Menschen, die sich in ihrem Herzen nach der vollkommenen Liebe sehnen und nach Vollendung streben, bauen aus ihren höheren Seelenschwingungen gemeinsam ein Feld des Lichtes auf dieser Erde auf, das sich wie ein feines Gitter um den Planeten spannt. Wer bereit ist, kann Teil dieses Lichtnetzes werden und wird fortan getragen von höchster Liebe. Auch wenn er sich äußerlich noch in Verarbeitungsprozessen befindet, kann er dennoch bereits intensiv an das Licht der neuen Zeit angeschlossen sein.

Bei manchen Menschen sind ihre Energiezentren teilweise von der geistigen Welt blockiert worden. Dies geschah aus einer höheren Weisheit heraus, da ansonsten bestimmte alte Teilbereiche ihres Wesens nicht zur Selbsterkenntnis gelangen würden. Die höhere Wahrnehmung wäre in einer Form entwickelt, die keinen negativen Zug im Menschen mehr zulassen würde. Doch bestimmte, bislang in den tiefen Astralschichten abgelagerte Teilbereiche benötigen noch eine Wahrnehmung und eine Entscheidungsmöglichkeit, die aus freiem Willen geschehen muss. So leidet der Mensch in den meisten Fällen innerlich, bis die Verarbeitungssituationen vorüber sind. Dann entfernt die geistige Führung die Blockierung, und der Mensch wird sich wieder seiner ursprünglichen Wahrnehmung bewusst.

Auch in Fällen der Verarbeitung und Annahme alter Teilbereiche sieht man in der Aura des Menschen immer wieder, dass sich die Verbindungen und klaren Wahrnehmungen in solchen Zeiten regelrecht in die höheren Welten zurückziehen. Es soll den Teilbereichen des Menschen ermöglicht werden, selbst zu entscheiden und aus dem freien Willen ihren Weg der Liebe einzuschlagen. Dann überfluten die alten Schmerzen oder eigenwilligen Vorstellungen das Herz-Zentrum und den Solarplexus oder legen sich über andere Energiezonen, sofern sie mit ihnen verknüpft sind. Die Gefühle in solchen Zeiten sind meist sehr unangenehm, und der Mensch fühlt den scheinbaren Rückzug der Liebe und den Verlust der Verbindung zu seiner Führung.

Doch ist dies nur kurze Zeit notwendig, bis die Teilbereiche erkannt und ausgerichtet sind. Im Vertrauen und in der Gewissheit um die Notwendigkeit dieser Vorgänge kann der innere Widerstand ausbleiben und der Wandlungsprozess unterstützt werden. Dann kann die Verbindung zu Gott sofort wieder wahrgenommen werden, und die Zeit des Leidens ist vorbei. Das mag hart erscheinen, jedoch ist ein anderer Weg der freien Entscheidung für die bislang meist unbewussten Teile wohl nicht möglich. Die Weisheit der geistigen Führung wird alles unternehmen, um den Menschen zu unterstützen und ihn bald wieder die Liebe in seinem Herzen fühlen zu lassen.

Das Beispiel einer jungen Frau macht diesen energetischen Austausch deutlich. In einer früheren Inkarnation hatte sie sich aus freiem Willen für ein Leben im Kloster entschieden, ohne jeglichen Kontakt zur männlichen Energie. In einem weiteren Leben wurde sie von ihrer Familie in ein Kloster gesteckt, wiederum mit nur geringen Kontakten zu männlichen Mitmenschen. In diesen Zeiten hatte sich in ihr ein intensives Bedürfnis nach Männlichkeit entwickelt.

Ein gesunder Austausch zwischen männlichen und weiblichen Energien ist wichtig, was uns auch die Kinder aufzeigen, die eines weichen, empfänglichen, gefühlsbetonten weiblichen und dazu eines aktiven, kraftvollen männlichen Impulses bedürfen. Dies ist ein wichtiger Bestandteil einer gesunden energetischen Entwicklung, die für die jetzige Zeit eine Harmonisierung dieser beiden Pole vorsieht. Schon immer gab es jedoch auch den Austausch dieser Energien in Form übermäßiger sexueller Aktivität, in dem Bedürfnis der Eroberung und des Besitzes, was Menschen, die solchen Austausch vermeiden wollten, schon immer einschreiten ließ. Deshalb wurden die Schulen teilweise nach Geschlechtern getrennt, und die Sitzaufteilung in der Kirche wies den Frauen die eine Seite, den Männern die andere zu.

Jede Annäherung von männlichen und weiblichen Kraftfeldern verursacht grundsätzlich einen gewissen Austausch. Das Maß hängt immer vom Menschen selber ab.

So nahm jene junge Frau in dieses Leben, in dem sie, wie viele andere Seelen der Jetztzeit, ihre karmische Last abbauen wollte, diese Bereiche mit in ihre Persönlichkeit. Bereits im Kindergarten und in der Schule kokettierte sie mit den Jungen und später mit den jungen Männern. Sie verspürte in ihrem Inneren ein solches Verlangen nach männlicher Energie, dass sie diese im Äußeren immer wieder suchte. Sie benutzte ihre Weiblichkeit, suchte Bestätigung und nahm später das Verlangen der Männer nach ihr in sich auf wie eine Ertrinkende.

Als ihre Jugendlichkeit nach ihrem Empfinden nachließ, wurden die Ausschnitte tiefer und die Röcke kürzer, doch die Partner wechselten noch immer rasch. Glücklicherweise nahm die innere Leere zu, und ihr Hunger nach Liebe wurde von den Männern nie wirklich gestillt. Sie erkannte, aufgerüttelt durch die inneren Schmerzen, dass sich ihre innere Suche nach Männlichkeit nach außen verlagert hatte und kein Mann ihr diese Energie wirklich geben konnte. In ihr selbst waren die Kanäle verschüttet, und es war ihre Aufgabe, das Männliche in ihr selbst wiederzuentdecken und zu verwirklichen. Immer wieder fiel sie in ihre alten Muster zurück, doch gelang es ihr mit der Zeit, die Zufriedenheit und das Wissen in sich zu finden, dass alles Glück nur in ihr selbst lag.

Jeder nach Liebe und Vollendung strebende Mensch passt sich in dieser Zeit der Wandlung bereits an die Energien der neuen Zeit an. Er wird durchdrungen und unterstützt mit einer Kraft der Liebe, die wie ein Versprechen Gottes erscheint, den Menschen stets zu führen und zu behüten. Kann sich der Mensch öffnen und die Bestrebungen seines Egos loslassen, wird er sofort von dieser Kraft erfüllt. Sie bewirkt die Neustrukturierung der Körperzellen und eine Durchlichtung aller Bereiche. Der Mensch wird nicht mehr getrieben von Furcht, Vorschriften oder Zwängen, er sucht Gott nicht mehr deshalb, weil er das Böse fürchtet, sondern weil er tief in seinem Inneren den wahren Weg erkannt hat. Eine tiefe Verbundenheit mit allem Leben wird erreicht. Der Mitmensch wird als das erlebt, was er ist, nach den Worten:

„Die Anderen? Warum sprecht ihr von Anderen? Sprecht von Euch selbst in anderer Gestalt und an einem anderen Ort. Erkennt, dass ihr alle verbunden seid. Ihr seid gemeinsamen Ursprungs und strebt einem gemeinsamen Ziel entgegen. So liebet Euch selbst wie Euren Nächsten und Gott über alles."

In der bestehenden Zeit der Wandlung können diese Sätze eines der größten Leit-Motive darstellen. In einer Zeit, in der alles bislang Verborgene an die Oberfläche gelangt und verarbeitet werden muss, in der die Menschen mit ihren verdrängten Emotionen und Eigenschaften konfrontiert werden und manchmal kaum mehr wissen, wie es weitergeht, können diese Sätze im Menschen wieder die Liebe zu seinem Nächsten wecken. Man kann sich bewusst machen, dass all das Negative, das man erlebt und erkennt, auch in einem selber vorhanden ist.

Glücklich jener, welcher bereits viele Eigenschaften in die Liebe wandeln konnte. Doch kann auch sein Gegenüber bereits kurz davor stehen. In Liebe und in dem Wissen betrachtet, dass man bei einer Verurteilung des anderen auch Teile von sich selbst abur-teilt, kann man wieder Frieden in sich erreichen und das Geschehen von außen neutraler annehmen.

VI. CHAKRAS ALS ENERGIETRANSFORMATOREN

Gegenwärtig werden zahlreiche kollektive Verarbeitungsprozesse eingeleitet, an denen sehr viele Menschen beteiligt sind. Dies sind nicht immer Menschen, die persönlich mit diesen bestimmten kollektiven Bereichen karmisch verwoben sind, sondern die mithelfen, die globalen Umwandlungen durchzuführen, da sie entweder ihre eigenen Prozesse abgeschlossen haben oder sich, nur um zu helfen und zu dienen, verkörpert haben. Sie übernehmen über die Chakras teilweise „Bruchstücke" des noch zu verarbeitenden Feldes der Erde oder sind mit mehreren Menschen, vorwiegend in der Nacht, daran beteiligt, im gemeinsamen Gebet und durch Energiearbeit altes Karma aufzulösen.

Eine solche Mithilfe kann niemals vom Menschen aus seiner aktuellen Persönlichkeit heraus eingeleitet werden, vielmehr wird sie von der geistigen Welt und dem höheren Selbst gelenkt und begleitet. Das Tagesbewusstsein des Menschen könnte nicht alle Ebenen erfassen oder gar erkennen, ob dieses Vorgehen innerhalb des persönlichen Weges zurzeit überhaupt angebracht wäre. Meist sind diese Vorgänge lange vor der Inkarnation geplant worden.

Mitunter kommt es vor, dass Menschen, die sich durch ihr aufrichtiges Bemühen schneller von den Verdunkelungen des Eigenwillens lösen konnten, ebenfalls dafür eingesetzt werden, doch ist es auch dann noch immer die Entscheidung der persönlichen Führung und der Engelwesen.

Das gesamte Spektrum aller energetischen Vorgänge übersteigt bei weitem den Überblick des Menschen. Ehrfürchtig kann er zu begreifen versuchen, was sich gerade abspielt. Ist der Mensch mit seinen persönlichen Verarbeitungen gut vorangeschritten und befindet er sich innerhalb seines gesetzten Zeitrahmens, wird er ganz automatisch für die größeren Wandlungsprozesse der Menschheit herangezogen. Dafür wird zuerst sein System von der geistigen Führung gestärkt und unterstützt.

Solange er sich noch innerhalb der eigenwilligen Verwirrung und des Machtstrebens des Erdenfeldes befindet, ist der einzelne Mensch noch sehr angreifbar und manipulierbar. Ein Mensch, der vom Eigenwillen beherrscht wird, lässt sich leicht durchschauen. Stichelt man ihn an, reagiert er hoch emotional; nimmt man ihm etwas weg, beginnt er zu kämpfen; wird er beleidigt, kann er dies nicht verwinden und zeigt sich verletzt. Alle diese und zahlreiche andere Reaktionen des Eigenwillens sind meist vorhersehbar. Deshalb war es für die Machthaber der vergangenen Zeiten auch so leicht, die Menschen zu manipulieren, was ihnen selbst heute noch oft gelingt. Viele Menschen sind noch immer Sklaven ihrer Emotionen und des Gefühls eines Mangels an Liebe, welche sich in ihnen manifestiert haben.

Je mehr ein Mensch die Kraft und Liebe Gottes wieder in sich fühlt und weiß, dass er dieser Kraft Gottes bedarf, die ihn immer stützen möchte – und nicht der Energie der Außenwelt, der vergänglichen und vom Menschen geprägten Energiestrukturen – kann er sich immer mehr von den Bindungen an die Welt befreien. Das heißt nicht, dass er abgehoben davonschweben wird. Ganz im Gegenteil, er wird stark und wachsam seinen Alltag bewältigen und sich des Vorgehens in seiner Umwelt immer mehr bewusst werden. Dann kann er nicht mehr von den Manipulationen der dunklen Kräfte erreicht werden, was diese mitunter außerordentlich stören kann. Blanker Hass kann sich über einen Menschen ergießen, der sich nicht an den Vorgaben der Macht-Welt orientiert. Er wird als stark und somit als Bedrohung empfunden.

184

In dieser Phase der Wandlung befindet sich der Mensch für eine kurze Zeit energetisch in einem Übergangsstadium, den die dunklen Kräfte genau kennen. Nicht selten werden diese Zeiten ausgenutzt, und es wird versucht, den Menschen nochmals in die Wirren des Eigenwillens zu zwingen. Deshalb gilt es für den Menschen in der gegenwärtigen Zeit, besonders wachsam zu sein und sich stets an den geistigen Gesetzen zu orientieren. Durch das Gebet um Schutz kann die geistige Welt ihn besser begleiten. Die Pforten innerhalb der Energiezentren öffnen sich dann für die Führungs- und Heilungsenergie der lichtvollen Welt.

Es ist sehr interessant zu beobachten, in welchem Umfang zurzeit uralte globale Belastungen von den Menschen in enger Verbindung mit ihrer geistigen Führung aufgelöst werden.

So wurden über Filme und Dokumentationen in vielen Menschen die Ur-Energien der Dinosaurierzeit aufgearbeitet. (Auch wenn es wissenschaftlich, trotz des Fundes eines Menschenskelettes, das auf die Zeit der Dinosaurier datiert wurde, bislang nicht bestätigt wurde, deuten Rückerinnerungen einzelner Menschen sowie die Wahrnehmungen in den geistigen „Bibliotheken" deutlich darauf hin, dass zu dieser Zeit bereits Menschen gelebt haben). Die Härte des Überlebenskampfes und die Urgewalt der Tierwelt gelangten in den Wahrnehmungsbereich. Auch wenn die Medien für die Verbreitung von viel Gewalt und negativen Energien verantwortlich sind, so sind sie dennoch gleichzeitig auch ein Instrument für die globalen Verarbeitungsprozesse.

Die magische Kultur von Atlantis wurde verstärkt über Bücher in das Bewusstsein der Menschen gebracht, die damit noch zu tun hatten oder die über ihre Mithilfe die alten atlantischen Blockaden aufzulösen halfen.

Es gibt immer wieder Energieströme in bestimmten Jahren sowie spezielle astrologische Konstellationen, die eine Verarbeitung von uralten Energien begünstigen; und bestimmte Ereignisse in der Geschichte sind wichtige Schwellenzeiten des menschlichen Entwicklungsweges. Sie können heute Energieblockierer oder Wegweiser sein. In den meisten Fällen jedoch sind noch Blockaden vorhanden oder alte Erlebnisse gespeichert, die einer Auflösung harren, damit die Ur-Energie im Menschen wieder frei fließen kann.

Auf geistiger Ebene kann man zurzeit in besonderem Maße wahrnehmen, dass sich Menschen immer mehr von alten kollektiven Bindungen, Forderungen und auch Schwüren ablösen können. So konnte ein Mann, der in mehreren früheren Leben stets der Kirche gedient hatte, eine große Blockierung in sich auflösen, indem er erkannte, dass das schlechte Gewissen, welches ihn über Jahre in seiner Tätigkeit als freier spiritueller Lehrer belastete, davon herrührte, dass das Programm in ihm wirkte: „Außerhalb der Kirche darf man nicht predigen und nicht heilerisch tätig sein!" Die damaligen Persönlichkeiten hatten dies zutiefst verinnerlicht, sie waren fest davon überzeugt, dass der wahre Glaube nur innerhalb der Kirche stattfand und man sich schuldig machte, wenn man ohne diese Bindung spirituell tätig wurde.

Die entscheidende Erkenntnis erhielt er dadurch, dass er in sich eine drängende Stimme wahrnahm, die ihn unbedingt in eine andere Glaubensgemeinschaft bringen wollte, nachdem er aus seiner bisherigen ausgetreten war. Er realisierte nach kurzer Zeit, dass sich hier eine Stimme und ein Gefühl von Angst und Schuld zeigten, die mit seiner jetzigen Einstellung nicht übereinstimmten. Er wusste um die verschiedenen inneren Stimmen der Teilbereiche und konnte die Wahrnehmung entsprechend einordnen. Dadurch, dass sich das innere Schuldgefühl zeigte und „mit ihm sprach", konnte er es erkennen und mit dem Bereich umgehen. Er konnte teilweise die pure Angst in sich fühlen, die besagte: „Du wirst bestraft und kommst nicht in den Himmel, wenn du nicht gehorchst!"

Sobald solche inneren Teilbereiche ihr Programm offenbaren, kann man auch damit arbeiten. Das bedeutet natürlich, dass man alles fühlen muss, was diese Teile an Leid und Schmerzen, an Bindung oder Schuld noch in sich tragen. Doch gibt es bis jetzt noch keine andere Möglichkeit der Klärung. Die alten Gedankenformen müssen in den bewussten Aura-Bereich aufsteigen und werden dort über die Chakras umgewandelt. Man kann auch kein Haus renovieren, wenn man nicht hineingeht und das Handwerkszeug in die Hände nimmt.

Dieses Beispiel macht besonders deutlich, dass Gedanken, die man in sich „denkt", und Gefühle, die man in sich „fühlt", entscheidende Hinweise darauf enthalten, was gerade im Inneren vor sich geht. Ist man wachsam und identifiziert sich nicht sofort mit jeder emotionalen Regung im Inneren, kann man sehr konstruktiv das geistige Geschehen wahrnehmen.

Manchmal entsteht in den momentanen Turbulenzen des Umbruchs die Frage, warum manche Menschen, die sich in ihrem Inneren doch bereits der Liebe stark öffnen konnten, dennoch solche intensiven und schwierigen Erlebnisse durchleiden müssen. Hier muss man sich eine bestimmte geistige Gesetzmäßigkeit bewusst machen, die nicht umgangen werden kann. Die nachfolgende Abbildung soll dies veranschaulichen.

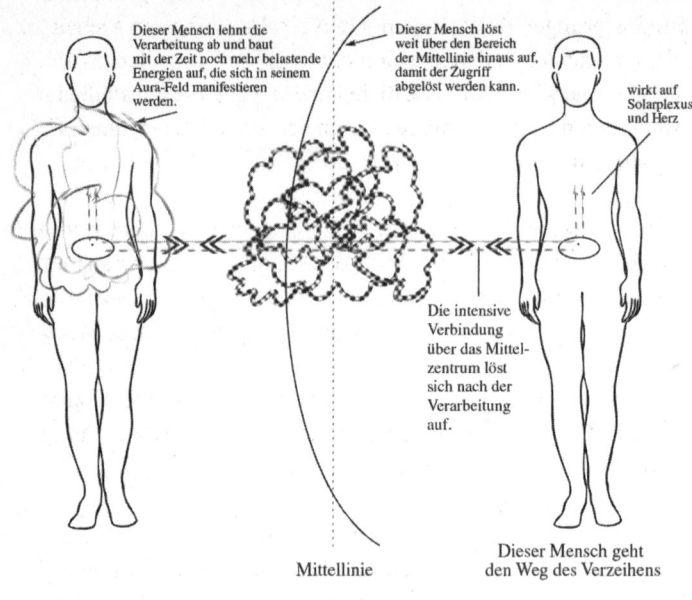

Dieser Mensch lehnt die Verarbeitung ab und baut mit der Zeit noch mehr belastende Energien auf, die sich in seinem Aura-Feld manifestieren werden.

Dieser Mensch löst weit über den Bereich der Mittellinie hinaus auf, damit der Zugriff abgelöst werden kann.

wirkt auf Solarplexus und Herz

Die intensive Verbindung über das Mittelzentrum löst sich nach der Verarbeitung auf.

Mittellinie

Dieser Mensch geht den Weg des Verzeihens

Abbildung XIV

Hier sind zwei Menschen abgebildet, die durch eine Aktivität in einem vergangenen Leben an ein gemeinsames karmisches Feld gebunden sind, welches voller negativer Emotionen und Gedankengebilde steckt. Jeder war an der Bildung dieser negativen Form gleichermaßen beteiligt, und wenn ein Beteiligter energetisch daran zieht, wird der andere über die Verbindungen mitgezogen und beeinflusst.

Nun hat sich die rechte Person auf der Abbildung dahingehend entwickelt, dass sie sich der Liebe Gottes und der Freiheit des Geistes intensiv angenähert hat. Die linke Person hingegen will

188

in diesem Bereich noch nicht ablassen von Zorn und Macht, ist noch nicht bereit für eine Aufarbeitung und unterliegt noch den Einflüsterungen des Egos, an den alten Bedürfnissen kleben zu bleiben und den anderen auch nicht loslassen zu wollen. Würden sich die Energieverhältnisse nicht ändern, wäre es dem strebenden Menschen nur schwer möglich, sich von dem gemeinsamen Feld zu befreien.

Würden beide gleichermaßen nach einer Ablösung streben, würde jeder seinen Bereich bis zur Mitte des Feldes zurücknehmen und in die Liebe wandeln. Dann wäre das Feld bald abgelöst. Sperrt sich jedoch einer davon, kann sich der um Auflösung bemühte Mensch dadurch befreien, dass er vom gemeinsamen Feld ein gutes Stück mehr ablöst und verwandelt, damit dem anderen keine Möglichkeit des Energieentzuges mehr zur Verfügung steht und somit sein „Einfluss"-bereich schwindet.

Er übernimmt daher über die Mittellinie hinaus von dem gemeinsam aufgebauten Feld die dunkle Energie und bringt sie in die Ablösung. Von der geistigen Führung stehen ihm hierfür besondere Kräfte zur Verfügung, welche ihn dadurch unterstützen, dass sie im Transformationsprozess ebenfalls Energie übernehmen. Dies ist ein sehr liebevoller Akt göttlicher Gnade, der von den Engeln begleitet wird. Mit dieser Ablösung über die Mitte hinaus nimmt der sich bemühende Mensch somit seinem Gegenüber zwar den Zugriff auf ihn selbst, muss jedoch dafür ein weitaus größeres Paket des gemeinsam aufgebauten Karmas abtragen. Doch wiegt dies die Freiheit, die sich dadurch ergibt, in jedem Falle auf. Es scheint nun, als hätte der Mensch, der sich nicht der Liebe öffnet, weniger abzutragen, doch dem ist nicht so. Im Gegenteil – er baut sich durch seine Gegenwehr noch mehr verdichtete Energie in seiner Aura auf. Wichtig ist vor allem, dass sich jeder Mensch, der sich um die Aufarbeitung seiner karmischen Belastungen bemüht, immer sein Ziel erreichen kann, auch wenn andere daran beteiligte Seelen sich vehement dagegen sperren. Die Wege des anderen sollten der geistigen Führung überlassen bleiben, mit dem aufrichtigen Bestreben, ihn in Liebe betrachten zu können, um ihn dann loszulassen.

So haben auch einzelne Menschen in der Geschichte äußerst wichtige Gedankengebilde manifestiert. Sie zeigten eine Form des Lebens auf, die sich in vielen Menschen als Halt und Kraftquelle erweisen konnte. Ließen sich solche Prägungen des Göttlichen nicht genügend manifestieren, sind nicht selten die späteren Inkarnationen solcher Menschen in der Lage, durch ihr Leben oder vielleicht sogar über einen Film, der die Leinwände der Welt erobert, nochmals den Inhalt der alten Aufgabe aufzuzeigen. Es ist dann vielleicht der Schauspieler oder auch der Regisseur, der das Bedürfnis in sich trägt, seine eigene alte oder auch als Aufgabe übernommene Botschaft nochmals zu wiederholen. Solch ein Film kann dann die Herzen der Menschen erreichen und eventuell nachholen oder vertiefen, was es nachzuholen oder zu verstärken gilt.

Man mag die großen Menschen der Geschichte manchmal verurteilen und denken, dass die Gesinnung von Mahatma Gandhi doch ehrbarer war als etwa das Machtstreben von Alexander dem Großen. Das mag vielleicht richtig sein, doch sollte sich der Mensch eines Urteils enthalten, denn durch die Verbindung von Volksstämmen, Regionen oder Kulturen konnte auch ein spiritueller Impuls ausgelöst werden, der in den einzelnen Spaltungen und kleinen Gruppen der Menschen nicht möglich gewesen wäre. Dies sind dann oft Leben voller Leid und der steten Suche nach einem Funken wahrer Liebe und Zuwendung, die dennoch einen großen Auftrag aus der geistigen Welt umsetzen.

Wohl einer der wichtigsten Faktoren in der Umwandlung der Energien der jetzigen Zeit ist der Umgang mit Emotionen und

Gedanken. Die geistige Hauptaufgabe des Menschen liegt in dieser Arbeit; denn die meisten Blockierungen befinden sich in den emotionalen und mentalen Ebenen. Die Schwankungen der Emotionen, ob sie nun in die Höhe schweifen oder in die Tiefe sinken, sind aufzulösen. Auch wenn man das Gefühl hat, die Gedanken oder der Verstand seien für viele Untugenden und Probleme verantwortlich, ist ohne die Emotionen der Gefühlswelt das Verstandesdenken doch eher neutral. Erst die dahinter steckenden Emotionen aktivieren in den meisten Fällen den Mentalkörper, lassen die „Affenherde der Gedanken" ihr Spiel beginnen. So kann eine erlittene Beleidigung eine solche emotionale Rechtfertigungssucht auslösen, dass die Gedanken nur noch um Rache oder Rehabilitierung kreisen. Stress ist ein Hauptverursacher der stetigen Aktivität des Verstandes. Immer gut dastehen zu wollen, löst ein Konstrukt von Gedanken aus, die den Menschen in seinem Ansehen wieder rechtfertigen sollen. Der Verstand alleine ist nicht das Übel. Meist sind es die Emotionen, welche die Verursacher sind. Selten ist ein Gedanke anzutreffen, der nicht emotional behaftet ist, wogegen Emotionen des Überlebens oder der Urgewalt der Angst vordergründig noch nicht von Gedanken durchdrungen sind.

Man muss sich in dieser Zeitepoche besonders bewusst machen, dass sehr viele Gedanken und noch mehr Emotionen, die vom Menschen den Tag über gedacht oder gefühlt wurden, nicht seine eigenen sind. Der ganze Planet ist voll von Emotionen und Gedanken, die ihn so bedrängen, dass man das Gefühl hat, die Erde könne nur noch an ganz wenigen Stellen etwas „aufatmen". Nicht selten haben die Menschen in der Vergangenheit selbst an diesen Feldern mitgewoben und können nun mithelfen, sie aufzulösen.

Ähnlich strukturierte Gedanken und Emotionen verbinden sich teilweise und können so eine große Kraft entwickeln, welche noch schwache Menschen in ihren Bann zu ziehen vermag. So wird eine

Manipulation des Menschen erreicht, die so lange anhält, bis der Mensch den wahren Weg erkennt. Dann wird er sich ablösen und sein Leben den höheren Werten widmen.

Zurzeit beginnt der Mensch erst, die Machenschaften dieser Konstrukte zu durchschauen. Ist die Verarbeitung an einem bestimmten Feld besonders aktiv, gehen die entsprechenden Informationen meist auch über die offiziellen Wege dieser Welt, also über Internet oder Fernsehen. So werden verborgene Machenschaften von Regierungen gelüftet oder die wahre Gesinnung von Politikerinnen und Politikern wird offenbar. Alles kommt „ans Licht" und kann erkannt werden.

Es ist ein besonderes Merkmal dieser Zeit, dass sich die dunklen Kräfte immer mehr offenbaren. Sie zeigen ihr wahres Gesicht und können so von den Menschen erkannt werden, die sich der Wahrheit und den neuen Energien öffnen wollen. Auch alte Gemeinschaften zeigen ihr inneres Wesen dadurch, dass sie immer nur die gleichgesinnten, in altem Streben verhafteten Vertreter ihrer Riege in einflussreiche Positionen wählen, um keinen jungen oder geistig offenen Menschen Verantwortung zu übertragen, die eventuell etwas ändern oder am Stuhlbein ihrer scheinbaren Macht sägen könnten. Sie wollen in ihrer Herrscherriege keine Veränderung, wollen am Alten festhalten und blockieren so die Umwandlung und Erneuerung. Sie schädigen nicht nur sich selbst, sondern alle ihre Anhänger. Doch auch hier hat jeder Mensch die Möglichkeit, neue Wege zu beschreiten, sich stets der Liebe zu öffnen und das Vertrauen aufzubringen, von Gott geführt und geleitet zu werden.

In der momentanen Wandlungsphase ist es besonders wichtig, sich bewusst zu machen, mit welchem karmischen Gut man womöglich durch Familie, Land und Kultur behaftet ist. Diese kollektiven Blockaden, in die der Mensch zwangsläufig hineingeboren wird, gilt es zu erkennen und sich davon frei zu machen, damit man seine eigenen Lasten besser erkennen kann. Natürlich lenkt die geistige Führung die notwendigen Prozesse, doch kann man persönlich viel dazu beitragen, indem man sich nicht von billigen Vergnügungen und Oberflächlichkeit ablenken lässt, sondern nach wahrhaften Erkenntnissen strebt. Dann werden alte Vorschriften beleuchtet und dahingehend überprüft, ob sie wirklich im Einklang mit dem Gotteswillen stehen. Solche von Menschen geschaffenen Felder haben mit all ihren Vorschriften und Verhaftungen nicht nur Einfluss auf die irdische Ebene, sondern sie wirken auch auf der Emotionalebene, in der die Fesseln der Gefühle wirksam sind, sowie auf der Mentalebene, in der sich die Gedanken, geprägt von den Emotionen, in ihrer Form und ihren Inhalten erhalten wollen. Der Mensch muss somit gleichzeitig auf mehreren Ebenen für seine Befreiung arbeiten. Die eine durchdringt die andere. Je mehr er dieses Vorgehen erkennt, annimmt und den höheren Ebenen übergibt, umso besser kann alles aufgelöst oder gewandelt werden.

In früheren Zeiten wurde der Mensch von Gemeinschaften getragen und gehalten. Je nach ihrem moralischen Stand hat sich der Mensch entsprechend mit der Gemeinschaft entwickelt. War er in seinem Entwicklungsstand noch nicht so weit wie die Gruppe, konnte diese ihn vorwärtsbringen und tragen. Befand sich die Schwingung der Gemeinschaft in Missgunst und Hader, wurde auch der Mensch entsprechend beeinflusst, geprägt und auf seinem Weg aufgehalten. Dann konnte man in seinem Energiefeld genau beobachten, wie sich die Chakras der Schwingung der Gruppe angepasst haben.

Der neue „Mensch" soll sich möglichst nicht mehr von einer Gruppe, die bindend wirkt, tragen lassen, sondern als Individuum einen eigenen Zugang zu Gott entfalten. Dazu gehört auch das Ablösen alter karmischer Verbindungen, welche die Entwicklung des Menschen extrem behindern. Löst sich ein Mensch davon, kann auch diese Ablösung ihn in einen Gefühlszustand intensiven Verlassenseins und großer Einsamkeit führen. Doch soll ihn dieser Zustand auch dazu bringen, dass sich die entsprechenden inneren Teilbereiche bewusst auf die Liebe Gottes ausrichten können. Sie werden somit transformiert und öffnen sich für den Strom aus einer höheren Freiheit. Krishnamurti beschrieb dies mit seinem berühmten Satz: „Die Wahrheit ist ein pfadloses Land."

Das Ergebnis dieser Ablösungen und Erkenntnisse vollzieht sich in vielen Menschen mit dem Gefühl des „Nicht-mehr-Dazugehörens". Der Mensch fühlt sich vielleicht sogar ausgeschlossen und allein, da er nicht mehr den Machenschaften der von Menschen aufgebauten Muster folgt. Doch dies ist einer der wichtigsten Gefühlszustände, die der lichtwärts strebende Mensch zurzeit durchschreiten muss. Seine inneren Bereiche müssen sich zuerst von der scheinbaren Sicherheit der Welt mit all ihren Vorschriften lösen, damit er in Freiheit den Willen Gottes erleben kann und diesen auch auszudrücken und auszuleben vermag. Das Gefühl der Einsamkeit und vorübergehenden Leere kommt von den inneren Teilbereichen des Menschen, die sich in diesem wichtigen Übergang befinden; denn nur im Loslassen der alten Prägungen kann sich das Wirken Gottes entfalten. Der Mensch wird dann zum Botschafter des Gotteswillens, ohne seine Identität zu verlieren. Ganz im Gegenteil: Er findet sein wahres Wesen wieder. Dies ist das Schönste und Wertvollste, das dem Menschen zuteil werden kann.

Es kann in den Zeiten des Übergangs vorkommen, dass die Chakras bezüglich jener Teile, die noch behaftet sind mit der Energie des Egos, einen großen Gegendruck auf den Wunsch der Veränderung im Menschen ausüben. Dieser Druck und diese Gegenwehr können zu viel Disharmonie führen. Mitunter verschließen sich die Energiezentren, da der Rest-Eigenwille dem Wunsch des Menschen nach dem Willen Gottes nicht Platz machen möchte. Die höheren Energien können und werden nicht einströmen, wenn sich auch nur die kleinsten Bereiche dagegen stellen. So können solchermaßen verschlossene Energiezentren in der Folge nicht ihren wahren Aufgaben nachkommen. Sie verzerren die wahrgenommene Realität und stellen sich dagegen, solange noch ein Rest Energie in ihnen herrscht. Hier können die beschriebenen Chakra-Meditationen sehr hilfreich sein, mit der Bitte an die geistige Führung, diese unbewussten Blockierungen an die Oberfläche zu bringen, damit sie erkannt und aufgelöst werden können.

Die höheren Tugenden, die sich einem erwachten Bewusstsein offenbaren, durchdringen den Menschen im Laufe seines Bemühens und geben ihm die Möglichkeit, sich über die Geschehnisse in der Welt zu stellen. Dann schwingen die Energiezentren untereinander in Harmonie und im Gleichklang mit der Führungsebene. Somit werden sie auch aus den Ebenen des Lichtes inspiriert, die anhand der Gesetze der Resonanz ihr Ebenbild finden. Der Ansatz- und Kontaktpunkt ist somit nicht mehr das Ego, sondern es sind die höheren Werte im Menschen. Dann kann der Einzelne die neutralen Energien, die ihm zur Verfügung stehen, auf die höheren Werte ausrichten.

VII. KUNDALINI – DIE AUFSTEIGENDE LEBENSKRAFT

Da das Wort „Kundalini" in verschiedenen Veröffentlichungen stark verändert und teilweise fehlgedeutet und somit energetisch in bestimmten Bereichen umprogrammiert wurde, wird diese Energie nachstehend als „ursprüngliche Lebenskraft" bezeichnet.

Diese Lebenskraft fließt in einem Strom, der sich in drei aufwärtsgerichtete Energiekanäle unterteilt, die Wirbelsäule nach oben. Das Portal ist das Wurzel-Chakra, und über die Verbindung des beteiligten Energiewirbels wird diese Kraft in die energetischen Wirbelkanäle gebracht und strömt von dort aus über die Wirbelsäule nach oben ins Scheitel-Zentrum, während sie sich auf ihrem Aufstieg in alle Bereiche des gesamten menschlichen Energiesystems verzweigt.

Das Ausmaß dieser Kraft und die Stärke ihres Einströmens hängen entscheidend vom Entwicklungsstand des jeweiligen Individuums ab. Hat sich der Mensch noch unzureichend mit den göttlichen Energien verbunden, steht ihm der notwendige Ausgleich und die konkrete Führung nicht zur Verfügung. Die Macht der aufsteigenden Lebensenergie würde das Schutzsystem des Menschen sprengen und ihn schwer schädigen.

Deshalb ist die Intensität dieser Energie der Weisheit der inneren Führung überlassen und sollte auf keinen Fall eigenwillig forciert werden.

Würden dieser Lebenskraft durch Übungen Wege aufgebrochen, ohne dass die höheren Werte und Erkenntnisse diese Kraft lenken, könnte es geschehen, dass der Mensch die Wirklichkeit des Alltags verliert und alle seine karmischen und negativen Programme in einer Form aktiviert und belebt, dass er sie niemals zu kontrollieren vermöchte. Er würde den Bezug zu seiner Entwicklung und zur wahren Erkenntnis vollständig verlieren, und zahlreiche negative Kräfte würden sich an ihn hängen.

Man weiß von vielen Fällen, in denen die ungezügelte Loslösung dieser Kraft den Seelen großen Schaden zugefügt hat, wenn sie ohne göttliche Führung eingeleitet wurde. Im Zusammenhang mit dem Einstrom der lichtvollen Energien der jetzigen Zeit hat das eigenwillige Aufbrechen dieser ursprünglichen Lebensenergie keinen Platz. Das Geschehen soll von der geistigen Welt gelenkt werden, und im Vertrauen um Wahrheit und Führung wird das Aufsteigen der Lebensenergie einer höheren Weisheit übergeben.

Es gibt nur einen zusammenhängenden Heimkehr-Prozess. Einzelne Aspekte können nicht im Eigenwillen erhöht werden, dies würde nur einem kurzen Blitz des Lichtes gleichen, der zurückfällt, da er, wie Schaum, mehr mit Luft als mit Wahrhaftigkeit erfüllt ist.

Werden im Zuge des Strebens nach Entwicklung, nach Hinwendung an das Göttliche und nach der Auflösung karmischer Muster die eigenwilligen Blockierungen gelöst, fließt diese Kraft ganz automatisch ein, entfaltet sich und strömt die Wirbelsäule nach oben und in alle Teile des Menschen.

Im Zuge der Ent-Wicklung wird auf natürliche Weise das Tor für das Einströmen der dreifachen Kraft von oben durch das Scheitel-Zentrum geöffnet; und die Energie, welche die ursprüngliche Lebenskraft, die von unten einströmt, lenkt und leitet, ist sofort vorhanden. Es wird die Verbindung von Erde und Himmel, von Materie und Geist erreicht. Die ganze Schöpfung wird wieder eins, und die Materie kann sich erhöhen und in das feinstoffliche Reich eingehen. „Und das Lamm wird beim Löwen liegen."

Möchte sich der Mensch durch Gebet und Meditation der ursprünglichen Lebensenergie mehr öffnen, ist es unverzichtbar, dass er gleichzeitig um Führung und Inspiration bittet. Die Christus-Kraft ist die Kraft der Verbindung, der Transformator und Türöffner ins Reich Gottes. „Niemand kommt zum Vater denn durch mich."

Trifft die dreizüngige Flamme von unten auf die Dreieinigkeit Gottes von oben, der aus der Liebe gestürzte Bereich wieder in die geistige Heimat zurückkehren. Dann trifft sich die Dreieinigkeit der Ströme aus der Materie mit der Dreieinigkeit der Ströme Gottes. Das ist wirkliche Harmonie, das ist der erfüllte Wille Gottes. Unter seiner Führung und mit seiner Liebe ist wahrhafte Heimkehr möglich.

In der heutigen Zeit der Wandlung und Erhöhung wird diese ursprüngliche Lebensenergie verstärkt zum Fließen gebracht. Sie wird besonders unterstützt von der Energie des Bewusstseins, des Gebetes und der Segensbitte. In den Menschen, die sich innerlich einer Erhöhung des Bewusstseins geöffnet haben, werden die von der Ur-Lebenskraft aufgerüttelten, teils verkrusteten, teils abgelagerten, teils noch unerlösten Teile neben der Auflösung über den Menschen noch in besonderer Weise aufgefangen. Es ist eine Gnade dieser Zeit, dass die noch verdichteten Energie-Strukturen von lichtvollen Wesen mitverwandelt werden. Je nach Möglichkeit der geistigen Führung werden energetische Verkrampfungen teils transformiert, teils in milderer Form dem Energiesystem des Menschen zur Wandlung übergeben. Sind beispielsweise karmische Blockierungen aus Emotionen früherer Inkarnationen entstanden oder sind in den Stauungen gar Abspaltungen der damaligen Persönlichkeit enthalten, können diese nicht von den Engelwesen aufgenommen oder aufgelöst werden, sondern müssen vom jetzigen Menschen wieder in eine neutrale Form verwandelt und die Seelenfasern zurückgenommen werden. Das ist mitunter sehr unangenehm, da die alten Emotionen bei der Rücknahme wie die eigenen empfunden werden. Dies sollte man in der heutigen Zeit besonders im Gedächtnis behalten, da viele alte Emotionen und Gedankenformen im Zuge der Verarbeitung wahrgenommen werden. Nach einem schwierigen Prozess der Wandlung sind sie aufgelöst und werden nicht mehr empfunden. Annehmen, Durcharbeiten, in Liebe das Geschehen begleiten und auf baldige Auflösung hoffen – das ist die beste Lösung. Hier erinnert man sich gern an den Ausspruch von Johann Wolfgang von Goethe:

„So danke Gott, wenn er dich presst,
und danke ihm, wenn er dich wieder entlässt!"

Nicht nur der Mensch wird von der ursprünglichen Lebensenergie stärker durchdrungen, auch der Planet mit all seinen Geschöpfen steht in allen Ebenen und in den feinstofflichen Reichen vor einer Erhöhung. Die Verstandesgrenzen des Menschen werden fallen, und die bewusste Wahrnehmung setzt ein. Die Ur-Lebenskraft durchdringt Mutter Erde in besonderer Weise und hilft ihr, sich von den Belastungen durch den Menschen zu befreien. Mutter Erde wird als weiblich angesehen, da sie in ihrem Schoß und durch ihre Materie den Wesen eine Leiblichkeit gibt, doch ist auch dies nur eine Manifestation des Göttlichen, um diesen Aspekt zu verwirklichen. Eva wurde beim Biss in den Apfel als weibliche Verführerin dargestellt, Dämonen dagegen meist als männlich, da sie die Aggression und den Kampfgeist des männlichen Aspektes darstellen. In der neuen Zeit werden zwar die Aspekte von männlich und weiblich noch vorhanden sein, doch in einer erhöhten und harmonischeren Form.

In den Zeiten, in denen im großen Wandlungsplan eine stärkere Energie eingesetzt wird, um ganze Ebenen von dunkler Energie zu reinigen, fühlt sich der Mensch mitunter extrem zerschlagen und erschöpft, so als würden sich in ihm selbst, als Person, bestimmte Bereiche transformieren. Mitunter ist er tatsächlich noch mit gewissen Fasern an derartige Ebenen gebunden, doch fühlt er die Unruhe und Aktivität auch dann, wenn sie mit ihm persönlich nichts zu tun haben. Der Mensch ist mit allem verbunden, und in seiner Körperlichkeit ist er mit allen Aspekten des Lebens vereint. So kann er mit der Liebe, die er in sich fühlt, immer mithelfen bei der Auflösung von Verdichtungen oder bei der liebevollen Unterstützung jener Wesen, die den Prozess gerade durchlaufen.

Das nachstehende Gebet kann denen, die es anwenden möchten, helfen, den Fluss der Liebe zu aktivieren.

Gebet für die alles verwandelnde Lebenskraft

Höchste Schöpferkraft,
von Herzen bitten wir Dich um Deinen Schutz und
Deine Führung.
Bitte durchdringe uns mit der Kraft Deiner Liebe, mit
der Gnade Deiner Unterstützung und der Energie
Deiner Ordnung.
Wir bitten im jetzigen Wandlungsprozess um Deine
Führung, vor allem aber bitten wir für Mutter Erde, für
alle Menschen, Tiere, Wesen und alle Geschöpfe, welche sich im Aufstieg befinden.
Bitte gib auch all denen Deine Liebe und Kraft, die
den Schritt der Erhöhung nicht mitgehen können, die,
von Deinen Engeln geführt, in anderen Welten ihrer
Entwicklung nachgehen werden. Bitte durchdringe sie

mit Deiner unendlichen Liebe und Kraft und stärke sie
mit Deinem Segen.
Aus tiefster Seele bitten wir Dich, die Bereiche in uns
zu erwecken und in Deine Liebe zu führen, die sich jetzt
öffnen und wandeln können.

Bitte durchdringe uns mit Deiner Stärke und
schenke uns
– Barmherzigkeit, wo wir nicht gütig sind,
– Geduld, wo wir geduldig sein müssen,
– Weisheit und Güte, wo wir nicht erkennen können,
– Mitgefühl und Nächstenliebe, wo wir oberflächlich sind,
– Demut, wo wir noch ungeduldig sind,
– Verzeihen und Sanftmut, wo wir noch urteilen,
– Deine göttliche Ordnung, wo wir noch verwirrt sind.

Bitte segne uns und alles Sein, damit wir uns gestärkt
Deiner Liebe nähern können.
Wir streben, so gut wir es vermögen, der geistigen
Heimat entgegen.
Von Herzen danken wir Dir.

Diese genannten sieben Aspekte sind die wichtigsten Bereiche, die sich in den Energien der neuen Zeit auf eine höhere Schwingungsebene wandeln. Sie durchdringen alle Energie-Zentren und alle Schichten des Seins im Streben nach ihrem göttlichen Ursprung. Der hilfreiche Einstrom, der den Menschen in dieser Wandlung unterstützt, ist von großer Gottesliebe getragen und möchte ihn in diese Seinszustände führen und aus den Wirren der Emotionen befreien.

Es ist hilfreich, sich bewusst zu machen, dass man Gott in seinem Handeln nicht wirklich darum bitten muss; denn er hilft den

Menschen bereits mit all seiner Liebe. Doch kann man durch sein Gebet und seine Bitte Portale und Wege öffnen, die der Mensch im Eigenwillen verschüttet hat – dort, wo bislang keine Suche nach Gott herrschte und kein Engel, aufgrund des freien Willens des Menschen, eingreifen durfte. Durch die Bitte und das Gebet werden Verbindungswege geöffnet, die dann von der Liebe Gottes durchdrungen werden. Hierfür stehen zurzeit sehr viele Lichtwesen bereit, die es sich zur Aufgabe gemacht haben, in dem großen Prozess der Wandlung mitzuhelfen, wo immer sie gerufen und benötigt werden.

KOSMISCHE AUSBLICKE

Die Energien der neuen Zeit beinhalten wichtige Elemente, die der Mensch bereits jetzt umzusetzen beginnt. Die geistige Suche wird sich nicht mehr länger nach außen richten, sondern im Inneren vollziehen, wo der Mensch mit der nie versiegenden Liebe Gottes gespeist wird. Kein Mangel wird mehr vorhanden sein, sondern alles wird getragen von wahrer Gotteskraft. Das Leben wird nicht mehr wirr sein; denn fremde Gedanken und Emotionen beherrschen nicht mehr die Wahrnehmung des Menschen. Sein Denken, sein Handeln, sein Fühlen wird von der Tatkraft und vom Segen der höheren Ebenen durchdrungen. Energien werden nicht mehr verschwendet, sondern gezielt eingesetzt in der Harmonie mit dem göttlichen Willen. Die Gehirnkapazität wird stärker genutzt, und die sogenannten „Leerzeilen" des genetische Materials kommen zum Einsatz.

Die Menschen der Zukunft können die geistige Welt klar erkennen. Ihre Wahrnehmungs-Zentren sind nicht mehr verschüttet oder blockiert, was den freien Einstrom der Inspiration stört. Auch in der jetzigen Zeit sind alle Impulse vorhanden, die der Mensch für die Führung aus den höheren Ebenen benötigt, doch ist er oftmals nicht in der Lage, diese wahrzunehmen. Entweder befindet er sich in einer Verarbeitungssituation oder die ihn umgebenden Energien sind so stark, dass er kaum Zeit findet, sich auf sie einzuschwingen, um die Hinweise aus der geistigen Welt zu empfangen. Die um ihre Existenz kämpfenden dunklen Energien versuchen alles, um die Menschen noch in ihren alten Einflüsterungen und Energien zu halten. Doch wird ihnen dies nur noch kurze Zeit gelingen, dann werden sie die Schwingungsebene dieses Planeten nicht mehr erreichen.

Die Chakras des Menschen sind die Verbindungspforten, um geistige Energie von einer Ebene des Seins in die nächste zu leiten. Die Energien des neuen Menschen sind weich und liebevoll. Sie fordern nicht, verurteilen nicht und geben auch keine Schuld an den Mitmenschen ab. Sie schwingen in großer Zartheit und Nächstenliebe. Die Menschen werden vom Willen Gottes gelenkt, und alle ihre Chakras sind auf seine Liebe ausgerichtet.

Die Energiezentren sind die Vermittler zwischen der geistigen Welt und der materiellen Schöpfung. Sie unterstützen entscheidend den großen Prozess der Verwandlung, welcher sich zurzeit auf diesem Planeten vollzieht. Harmonisch entfaltet, schwingen sie jetzt und in der Zukunft im Gleichklang mit der geistigen Welt, stärken das wahrhafte LEBEN und tragen den Willen Gottes in den Alltag des Menschen.

Es werden sich vielleicht noch dramatische Ereignisse und Läuterungsvorgänge auf dieser Erde ereignen, damit sie sich von all dem emotionalen und gedanklichen Unrat reinigen kann; doch wird der Mensch, der sich der Liebe zuwendet, stets von der Liebe getragen. Heerscharen von Lichtwesen stehen den Menschen zur Seite, die ihn in den Wirren des kommenden Umbruchs unterstützen und führen. Niemand braucht sich vor der Wandlung zu fürchten. Man kann sie als unumgängliche Notwendigkeit betrachten, mit der uns der Göttliche Geist in die nächste Entwicklungsstufe emporheben wird. Ein Prozess, den der Mensch alleine, mit seinem derzeitigen Energieniveau, nicht vollbringen könnte. Es ist eine Gnade des Göttlichen, deren Ausmaß wohl erst nach der Verwandlung voll erkannt werden kann.

Die geistige Welt wird für alle Menschen geöffnet sein. Unsere fortgeschritteneren Schwestern und Brüder von anderen Sternen werden uns mit ihren Fähigkeiten hilfreich zur Seite stehen. Zu allen Menschen, die diesen Schritt nicht mitgehen konnten oder es vorzogen, ihre Wege auf anderen Ebenen oder anderen Welten fortzusetzen, wird die Verbindung stets geöffnet sein.

Die Dunkelheit wird sich zurückziehen und alle erdnahen Ebenen werden vom Licht der Liebe gereinigt sein. Keine Verurteilungen, keine Rechtfertigungen oder Schutzmaßnahmen sind mehr vonnöten, denn alle Menschen versuchen in gemeinsamer Bemühung, dem Höchsten weiter entgegen zu schreiten. Die Arbeit an sich selbst wird nicht vorüber sein, jedoch wird sie einen Zustand erreichen, in dem die Menschen nicht mehr mutwillig von den listigen Machenschaften des Egos verführt werden oder dunkle Wesen sich an ihn binden, um ihn zu kontrollieren oder Energie abzuziehen.

Die hellsichtige Wahrnehmung wird bei allen Menschen geöffnet sein, und es wird der Mensch zum Führer gewählt werden, der von der Liebe Gottes am stärksten durchdrungen wird. Es gibt kein Verstecken mehr hinter einem gepflegten Äußeren, hinter dem sich der Wolf verbirgt. Alles ist offenbar, jedes Gefühl und jeder Gedanke ist in den feinen Schwingungen der neuen Zeit sichtbar.

Die Nahrung wird einen anderen Stellenwert einnehmen als bisher, es wird bedeutend weniger gegessen und auf rein pflanzlicher Basis. Die meiste Energie wird über den Atem aufgenommen. Dies wird eine Form reiner Licht-Energie sein, die auch vom Körper umgesetzt werden kann. Alle Menschen fühlen sich in ihrem Inneren zu genau den Berufen „berufen", die notwendig und erforderlich sind, so wie es vor den Inkarnationen geplant wurde.

Es wird keine Raubtiere mehr geben und giftige oder stachelige Pflanzen, da sich keine Schwingung des Kampfes oder des Selbst-

Schutzes mehr auf diesem Planeten befinden wird. Auch das Wetter wird stets gemäßigt sein, da sich alles Leben auf dieser Erde in gemeinsamer Harmonie befindet, so wie auch der Mensch mit den Naturwesen und allen feinstofflichen Formen, die sich ebenfalls in der neuen Schwingung auf der Erde weiterentwickeln.

Anhand der bereits wahrnehmbaren Schwingungsveränderung hat es den Anschein, als ob der Übergang in diese neue Zeit sich in nicht mehr allzu ferner Zukunft ereignet – doch liegt der Zeitpunkt alleine in Gottes Händen. Im Streben nach den höheren Werten kann der Mensch die jetzige Zeit für sich und seine Entwicklung nutzen und sich immer mehr der Liebe des Höchsten annähern. Man sollte mit geöffnetem Geist in der Gegenwart leben und sich der Führung der geistigen Welt stets anvertrauen.

So mögen die Liebe und das Licht Gottes alle Fasern unseres Seins erfassen, uns im Hier und Jetzt stärken und uns durch den Übergang geleiten, damit wir in großer Dankbarkeit und Gottesnähe in der Zukunft leben können.

* * *